Edgar Morin

A aventura de *O Método* e Para uma racionalidade aberta

SERVIÇO SOCIAL DO COMÉRCIO
Administração Regional no Estado de São Paulo

Presidente do Conselho Regional
Abram Szajman
Diretor Regional
Danilo Santos de Miranda

Conselho Editorial
Ivan Giannini
Joel Naimayer Padula
Luiz Deoclécio Massaro Galina
Sérgio José Battistelli

Edições Sesc São Paulo
Gerente Iã Paulo Ribeiro
Gerente adjunta Isabel M. M. Alexandre
Coordenação editorial Francis Manzoni, Clívia Ramiro, Cristianne Lameirinha
Produção editorial Simone Oliveira
Coordenação gráfica Katia Verissimo
Produção gráfica Fabio Pinotti
Coordenação de comunicação Bruna Zarnoviec Daniel

Cet ouvrage a bénéficié du soutien des Programmes d'aides à la publication de l'Institut Français.

Este livro contou com o apoio à publicação do Institut Français.

Edgar Morin

A aventura de
O Método
e
Para uma racionalidade aberta

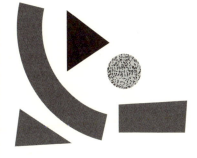

Tradução
Edgard de Assis Carvalho
Mariza Perassi Bosco

Título original: *L'Aventure de La Méthode, suivi de "Pour une rationalité ouverte"*, de Edgar Morin
© Éditions du Seuil, 2015
© Edições Sesc São Paulo, 2020
Todos os direitos reservados

Preparação Gabriela Ismerim Lacerda
Revisão Bibiana Leme, Tatiane Godoy
Capa, projeto gráfico e diagramação Daniel Brito

Dados Internacionais de Catalogação na Publicação (CIP)

M8253a Morin, Edgar

A aventura de *O Método* e Para uma racionalidade aberta / Edgar Morin; Tradução de Edgard de Assis Carvalho; Mariza Perassi Bosco. – São Paulo: Edições Sesc São Paulo, 2020. –
144 p.

978-85-9493-219-8

1. Ciências sociais. 2. Filosofia. 3. Teoria filosófica. 4. Sociologia do Conhecimento. 5. Epistemologia. 6. O método. I. Título. II. Nahoum, Edgar. III. Carvalho, Edgard de Assis. IV. Bosco, Mariza Perassi.

CDD 301

Edições Sesc São Paulo
Rua Serra da Bocaina, 570 – 11º andar
03174-000 – São Paulo SP Brasil
Tel. 55 11 2607-9400
edicoes@edicoes.sescsp.org.br
sescsp.org.br/edicoes
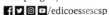/edicoessescsp

Sumário

Nota à edição
brasileira 9

1
A busca das
minhas verdades 13
Minhas verdades primordiais 16
Verdades da sociedade, verdades do mundo 17

2
Morte e ressurreição
de uma verdade 21
A verdade da guerra 22
A desilusão 26

3
O caminho em direção
a O Método 33
O conhecimento revolucionante 34
Os eixos 38
A elaboração de O Método 42

4
A baniana 49
O autoconhecimento 51
A reforma do pensamento e a reforma do ensino 52
O destino planetário 57
A via 58

5

Viver (A baniana, continuação).........................61

Encontrar a verdadeira vida 64

O imaginário e a vida 68

Moral e verdade.. 70

Compreender a vida 71

Viver e pensar no presente 74

Prosa e poesia da vida......................................77

Viver sabiamente ou bem viver?.........................78

A compreensão do mistério e da religação 80

6

O humanismo regenerado......................85

Os dois humanismos 86

A trindade humana... 89

O indivíduo complexo 92

As novas humanidades 100

A razão sensível, aberta e complexa 104

Realismo e utopia 107

O humanismo planetário e a revitalização ética 109

Para uma racionalidade aberta..............117

O irracionalizado 123

O componente arracional e antirracional da ciência 124

A ambiguidade: racionalidade/racionalização 125

A ideologia racionalista.....................................126

A prática racionalizadora 128

A razão louca... 131

A crise da razão... 133

A nova razão: uma racionalidade aberta 134

A reorganização da racionalidade 136

A racionalidade complexa 139

Sobre o autor............143

Nota à edição brasileira

Nesta obra, que pode ser chamada de livro-síntese, o filósofo francês Edgar Morin reestabelece sua filiação epistemológica, da juventude até a maturidade intelectual, passando por livros clássicos, escritores, pesquisadores, professores e grandes acontecimentos históricos e pessoais que o impactaram, em um conjunto de referências socioculturais acadêmicas e não acadêmicas de escopo universal. Nessa "meditação" de vida e de intelectualidade, sublinha-se o constante diálogo interno reflexivo e analítico-crítico, tendo como horizonte a compreensão de si e do processo que confluiu na longa escrita de *O Método*, com o acréscimo de mostrar suas principais ideias, descobertas e contribuições para o conhecimento humano sobre o próprio ser humano.

As ideias-chave de *O Método*, concebidas ao longo de trinta anos de pensamento e escrita, são aqui revisitadas sob a perspectiva do intelectual que mira a própria existência de modo poético e filosófico. A Segunda Guerra Mundial, a ocupação da França pela Alemanha nazista, a disputa global entre os regimes comunista e capitalista e os projetos de socialismo foram alguns dos contextos nos quais Morin talhou seu espírito, por meio da crítica, do ceticismo e da busca por uma terceira via de interpretação do mundo.

A perspectiva humanista elaborada por ele chega como alternativa essencial à elaboração de um novo *ethos* para a vida em sociedade e, sobretudo, para os países nos quais predominam realidades extremamente desiguais, em que há grande concentração de renda e parcelas menos favorecidas são desconsideradas quanto à extensão dos mais básicos direitos humanos. Ao lado dessa desumanização que assola tanto grupos minoritários como nações inteiras, a destruição sistemática da natureza em nome do lucro e as mudanças climáticas dela decorrentes têm colocado em questão, de modo urgente, a redefinição do sentido da ocupação humana no planeta. Assim, devemos retomar os caminhos explorados por Edgar Morin rumo à terceira via e à necessária regeneração do humanismo.

Para Sabah, com amor.

*À amizade de Jean-Louis Le Moigne, Jean Tellez,
Mauro Ceruti, Sergio Menghi, Giuseppe Gembillo
e Annamaria Anselmo, que me ajudaram
e apoiaram na aventura de O Método.*

1

A busca das minhas verdades

Kant formulou as questões primordiais, simultaneamente infantis, adolescentes, antropológicas, científicas e filosóficas, às quais dediquei o longo trabalho de minha vida: "O que posso saber? O que devo fazer? O que me é permitido esperar?"[1].

Para tentar captar o sentido da vida de uma obra e da obra de uma vida, para compreender a mim mesmo e compreender a aventura que foram os 35 anos de elaboração dos seis volumes de *O Método*, preciso remontar ao passado longínquo, quando no fim brutal de minha infância essas questões me assolaram – e jamais cessaram de me assombrar.

Devo retornar ao momento perturbador em que a morte de minha mãe rompeu cruelmente o aconchego familiar no qual eu vivia minha vida de filho único que amava e era amado: aos 10 anos, essa morte fez de mim um adolescente precoce.

Esconderam-me a morte de minha mãe. Morávamos em Rueil[2]. Ela desmaiou no trem que fazia o trajeto entre Rueil e Paris, e sua morte foi constatada ao chegar à estação Saint-Lazare.

Na saída da escola, meu tio Jo, marido da irmã de minha mãe, Corinne, veio me buscar de táxi e levou-me para sua casa, dizendo que meus pais haviam partido para um tratamento em uma estância de águas termais. Não senti nenhuma inquietação e me instalei na casa de minha tia, com meus priminhos. Dois dias depois, a empregada de minha tia me levou para um passeio junto com meu primo Fredy, de 8 anos, até a praça Martin-Nadaud, vizinha ao cemitério do Père-Lachaise, do qual é separada por um muro. Eu brincava no gramado quando subitamente vi se aproximar um par de sapatos pretos, um terno preto, um homem todo de preto: era meu pai. Entendi tudo de maneira fulminante. Mas fingi não ter compreendido nada.

Foi uma Hiroshima interior. O pior de tudo foi que durante vários dias meu pai e Corinne continuaram a mentir para mim, falando sobre o processo de cura de minha mãe. Depois, um dia, Corinne me disse que minha mãe havia partido para uma viagem para o céu, da qual às vezes se

---

[1] Emmanuel Kant, "Méthodologie transcendantale", cap. 2, seção 2, em: *Critique de la raison pure*, 1781. [Ed. bras.: Immanuel Kant, *Crítica da razão pura*, trad. Fernando Costa Mattos, Petrópolis: Vozes, 2012.]
[2] Rueil-Malmaison, comuna do departamento Hauts-de-Seine [Altos do Sena], situada na parte leste da França setentrional. [N.T.]

volta, mas nem sempre. Além dessa mentira ignóbil, dessas asneiras que acho repugnantes, alguns dias mais tarde, ela lançou mão de uma frase de adoção que, para mim, foi uma frase de usurpação: "A partir de agora, eu serei sua mãe". Eles me esconderam a verdade: eu ocultei deles a minha verdade. Trancava-me nos banheiros para chorar, até que me via obrigado a secar minhas lágrimas para responder à voz de meu pai: "Você está bem? Está com diarreia?". À noite, com a luz apagada, eu chorava sob os lençóis e imaginava o retorno de minha mãe. Eu esperava, mesmo sabendo que a espera era inútil[3]. De dia, eu fazia de conta que tudo estava bem. Tempos depois, quando eles quiseram que eu os acompanhasse até o cemitério, no aniversário da morte de minha mãe, eu recusei – e sempre me neguei a ir com eles visitar seu túmulo. Embora eu os amasse muito, eu os odiei, e acredito ter conservado um ódio quase patológico por mentiras. Mas o que significava a verdade, então? A morte, o nada, a catástrofe.

Meu novo *habitat*, na casa de minha tia Corinne, não era um lar para mim. Eu deveria mudar de escola, mas exigi permanecer no Liceu Rollin, várias estações de metrô distante de minha nova casa, em Ménilmontant. No entanto, foram necessários dois anos para que eu pudesse desfrutar da camaradagem de bons colegas. Mas jamais deixei nenhum deles saber que eu era órfão de mãe.

Era sobretudo nos três cinemas da rua Ménilmontant que eu encontrava refúgio, mergulhando no envolvente mundo da fantasia. O cinema não foi apenas o ópio do órfão, ele se tornou um alimento afetivo e intelectual.

Eu não tinha verdade. Vivenciava um sentimento "niilista", a impossibilidade de acreditar no que quer que fosse, depois da mentira de meu pai, depois do desmoronamento de minha única verdade (o amor de minha mãe). Ao mesmo tempo, eu tinha uma necessidade de fé, de comunhão, de uma transfusão de seiva amorosa que compensasse a hemorragia de amor que eu suportava.

Foi assim que, de modo prematuro e lancinante, emergiram as questões de toda criança que se torna adolescente, quando a mente se abre para

---

[3] Por isso, sempre fico perturbado e às lágrimas com o canto de espera de Madame Butterfly, que não sabe que sua expectativa é inútil. (Morin se refere à ária *Un bel di vedremo*, da famosa ópera de Giacomo Puccini. Ainda muito jovem, Madame Butterfly, uma gueixa, se apaixona por Benjamin Pinkerton, um oficial da marinha estadunidense, e com ele se casa e tem um filho. Ele é chamado de volta aos Estados Unidos e promete que vai retornar. Ela espera inutilmente: um dia ele volta, mas acompanhado da mulher com quem havia se casado em seu país. Com a honra ultrajada, Madame Butterfly tira a própria vida, seguindo as antigas tradições de sua cultura. [N.T.])

o mundo além das fronteiras de sua família: em que posso acreditar? O que posso saber? O que devo esperar?

Questões para as quais eu não poderia obter nenhuma resposta em minha cultura familiar. Laicos, meus pais não tinham me ensinado nenhuma fé, nenhuma moral, nenhuma verdade.

Minhas verdades primordiais

Filho único e solitário, eu lia bastante enquanto minha mãe era viva e praticamente percorri quase toda a literatura infantil, da Condessa de Ségur[4] aos romances de aventura.

Após sua morte, continuei a ler de modo indiscriminado tudo o que me caísse nas mãos, fosse na mesa durante as refeições, fosse na sala de aula sob a carteira escolar, no metrô, em todos os momentos possíveis. Creio que foi por volta dos 12 ou 13 anos que descobri minhas verdades primordiais por meio da leitura de *Jean-Christophe*[5], de Romain Rolland[6], e dos romances de Anatole France[7]. A torrente romântica de *Jean-Christophe* me deu a esperança de que eu encontraria fé na vida. Anatole France transformou meu niilismo infantil em dúvida racional. Hoje esquecido, esse escritor era reconhecido por seu "ceticismo sorridente". Cada um de seus romances era uma apologia da dúvida, uma crítica das certezas, uma rejeição dos fanatismos. Minha impossibilidade de crer era encorajada por sua leitura. Desde então, mesmo em meus impulsos de fé, a dúvida permaneceu enraizada em mim.

Acredito que quase de imediato fui marcado para sempre por uma literatura portadora de uma força mística de fé, de compaixão, de comunhão, de amor. Descobri *Ressurreição*, de Liev Tolstói[8], e, depois, *Crime*

---

[4] Nascida em São Petersburgo, a Condessa de Ségur (1799-1874) foi autora de obras-primas da literatura infantojuvenil russa. [N.T.]

[5] Romain Rolland, *Jean-Christophe*, Paris: Albin Michel, 2007. [Ed. bras.: *Jean-Christophe*, trad. Vidal de Oliveira, Carlos Dante de Moraes, 3 v., São Paulo: Globo, 2006.]

[6] Romain Rolland foi Prêmio Nobel de Literatura em 1915. *Jean-Christophe* é considerada sua obra-prima. Herói romântico e de "alma livre", Jean-Christophe descobre a dor e a injustiça na infância e na adolescência e enfrenta desafios para conquistar a paz e o equilíbrio. O livro é um retrato do mundo intelectual do fim do século XIX e começo do século XX, uma reflexão sobre a criação artística e a exploração sensível e profunda da alma humana. [N.T.]

[7] Anatole France foi eleito para a Academia Francesa em 1896, recebeu o Prêmio Nobel de Literatura em 1921 e foi um dos membros fundadores da Liga dos Direitos do Homem. [N.T.]

[8] Ed. bras.: Liev Tolstói, *Ressurreição*, trad. Rubens Figueiredo, São Paulo: Cosac Naify, 2010.

e castigo, de Fiódor Dostoiévski[9]. Foi em Dostoiévski que o romance revelou profundezas antropológicas que nenhuma ciência humana consegue atingir. Embora só me tenha dado conta disso mais tarde, ele me mostrou que a pequena prostituta Sônia estava milhões de anos-luz à frente de Karl Marx[10]. Ademais, como uma resposta ao sentimento de culpa que eu carregava após a morte de minha mãe (Corinne havia dito a seus filhos, em minha presença, que minha mãe estava morta porque lhe haviam causado desgostos demais), compreendi que a redenção era possível e que, mesmo às custas do sofrimento, da prisão, do perigo de morte, existia uma via de salvação.

De fato, estabeleceu-se e criou raízes em minha mente uma dualidade feita da oposição complementar de instâncias inseparáveis: a dúvida e a necessidade da fé.

Verdades da sociedade, verdades do mundo

O mundo da década de 1930 avançava, sonâmbulo, para uma grande tragédia histórica. A crise econômica mundial de 1929 provocou imensas turbulências sociais. O nazismo chegou legalmente ao poder na Alemanha em 1933. A França passou por uma grave crise democrática durante as manifestações antiparlamentares, ocorridas em 6 de fevereiro de 1934. O Reich hitlerista anexou a Áustria. A Frente Popular[11] triunfou na França. A guerra civil eclodiu na Espanha.

Eu, que a princípio ficara insensível a esses acontecimentos, cheguei ao ponto máximo de meu ceticismo depois do confronto entre meus compatriotas em 6 de fevereiro de 1934. No entanto, fui contaminado pelo grande sopro de esperança da Frente Popular e, depois, com a Guerra Civil Espanhola, pela tragédia que aniquilava a Esperança.

---

[9] Ed. bras.: Fiódor Dostoiévski, *Crime e castigo*, trad. Paulo Bezerra, São Paulo: Editora 34, 2016.

[10] Cf. Edgar Morin, *Mes Philosophes*, Paris: Germina, 2011. [Ed. bras.: *Meus filósofos*, trad. Edgard de Assis Carvalho, Mariza Perassi Bosco, Porto Alegre: Sulina, 2013.] Nessa obra, Morin entende por filósofos todos os que influenciaram seu pensamento: romancistas, matemáticos, físicos, psicanalistas, filósofos e músicos. Ao lado de Marcel Proust, Dostoiévski ocupa um lugar de destaque no livro, por ter percebido a indissociabilidade entre razão e loucura, algo capital para o entendimento do *Homo sapiens demens*. [N.T.]

[11] Coligação política de socialistas, comunistas e radicais formada em 1935. Ganhou as eleições parlamentares de 1936 na França e manteve-se no poder até 1938. Coligações desse tipo se disseminaram na Espanha, chegando até o Chile. Na Europa, foram proscritas do poder com a consolidação do nazifascismo. [N.T.]

Em que acreditar? O que fazer? Diante da crise do capitalismo e da democracia, o medo do comunismo incitava adesões ao fascismo, e o medo do fascismo provocava adesões ao comunismo. Com os processos de Moscou, o stalinismo revelou uma face ignóbil, ao passo que o assassinato de Ernst Röhm[12] por Hitler demonstrou uma crueldade impiedosa.

Meu ceticismo me fazia resistir facilmente aos fanatismos: no que concerne à salvação da sociedade, eu era sensível aos argumentos contrários. Deveríamos reformar ou revolucionar? A reforma me parecia mais pacífica e humana, mas insuficiente; a revolução, radicalmente mais transformadora, mas perigosa.

Entrei, portanto, em contato com autores que buscavam a "terceira via", aquela que permitiria suplantar a crise da democracia e salvá-la, que ultrapassaria o capitalismo, que reformaria profundamente a sociedade e a humanizaria. Eu lia Simone Weil[13], Robert Aron[14] e Arnaud Dandieu[15]. Lia também a revista *Esprit*, cujo editor era Emmanuel Mounier, e os *Nouveaux Cahiers*, de Auguste Detœuf. Todos em busca de uma primavera política que não pôde surgir, massacrada pela guerra antes mesmo que pudesse nascer.

Enfim, aderi ao Partido Frentista de Gaston Bergery, algo condizente com minha mente já complexa, o qual promovia a luta em duas frentes, contra o fascismo e contra o comunismo stalinista, e propunha uma política de reforma socialista de alcance nacional. Bergery defendia uma política internacional pacifista e até mesmo votou contra a declaração de guerra, em 1939. Fui muito influenciado por esse poderoso pacifismo, originário do desgosto pelas hecatombes de 1914-1918.

---

[12] Ernst Röhm (1887-1934) foi um oficial alemão chefe da SA, a primeira milícia nazista. Röhm reconhecia as qualidades de Hitler e sua oratória hipnótica. Embora Hitler o estimasse por sua capacidade e lealdade à causa nazista, não tardou muito em considerá-lo um obstáculo ao poder, em razão de sua reputação de violência nas ruas, de seu consumo excessivo de bebidas alcoólicas e de sua aberta homossexualidade. Röhm foi preso em junho de 1934 e assassinado à queima-roupa em uma cela do Reich. [N.T.]

[13] A mística e filósofa Simone Weil (1909-1943) tornou-se operária da Renault para escrever sobre o cotidiano fabril. Seus textos foram publicados pela editora francesa Gallimard em quinze volumes, parte deles já traduzida no Brasil. Suas análises da condição operária e dos partidos políticos permanecem extremante atuais. [N.T.]

[14] Robert Aron (1898-1975) é autor de vários trabalhos em política e história. No período que precedeu a Segunda Guerra Mundial, juntamente com Arnaud Dandieu, Emmanuel Mounier e Denis de Rougemont, pregava a urgência de instituições livres e democráticas capazes de conter o avanço de qualquer forma de totalitarismo. Foi eleito para a Academia Francesa em 1975, mas não chegou a receber o prêmio. [N.T.]

[15] Com Alexandre Marc e Robert Aron, Arnaud Dandieu (1897-1933) fundou o grupo Ordre Nouveau [Nova Ordem] e foi colaborador de Georges Bataille. [N.T.]

Por volta de 1938-1939, aos 17 ou 18 anos, algumas verdades e crenças políticas se consolidaram em mim. Eu me considerava então inteiramente imune ao comunismo stalinista. Havia lido o livro *Stálin*, de Boris Souvarine, os escritos de Leon Trótski e os inumeráveis testemunhos de ex-comunistas desiludidos.

Nessa mesma época, meu amigo Georges Delboy, associado aos estudantes frentistas e influenciado por René Maublanc, seu professor de filosofia, começou a me dizer que havia um pensamento capaz de compreender todos os problemas humanos, históricos e sociais, o pensamento de Karl Marx, porque ele reunia a reflexão filosófica, o conhecimento das ciências naturais e humanas e, também, o pensamento político. Era essa a via rumo à verdade, a nossa verdade, a verdade de nosso tempo.

Em 23 de agosto de 1939, por iniciativa de Stálin, a Alemanha e a União Soviética assinaram um pacto de não agressão e secretamente decidiram a divisão da Polônia. Em 1º de setembro de 1939, os exércitos hitleristas atacaram a Polônia; em 3 de setembro, a França e a Inglaterra declararam guerra à Alemanha. Tratava-se, porém, de uma "guerra de mentira"[16]: nada ocorreu do lado ocidental e tudo se acalmou depois que a Polônia foi invadida e desmembrada.

Após haver concluído meu bacharelado[17] em Filosofia em junho, ingressei na universidade no outono. Fiel à mensagem marxista transmitida por Delboy, empreguei meus estudos universitários para responder à questão "O que posso conhecer?", transformada em "O que devo conhecer?", que implicaria a resposta a "Em que posso acreditar?" e, talvez, a "O que tenho o direito de esperar"?, já que não havia mais esperança na terceira via. Fiz minha inscrição no curso de Filosofia (que incluía uma formação em Moral e Sociologia), em Direito (que incluía o curso de Ciências Econômicas), em História e Geografia e também na École Libre des Sciences Politiques. Eu não sonhava com uma carreira acadêmica, queria apenas conhecer a realidade do mundo humano, no momento em que esse mundo em crise entrava na guerra. Fui estimulado pela aspiração que um dia viria a se tornar um dos projetos de *O Método*: conectar os conhecimentos separados, entre eles e em mim mesmo.

---

[16] O termo original, *"drôle de guerre"*, é usado para designar o período entre a declaração de guerra da França e da Inglaterra à Alemanha nazista, em 3 de setembro de 1939, e a ofensiva alemã, em 10 de maio de 1940, intervalo em que não se travaram batalhas armadas. [N.T.]

[17] No original, *"baccalauréat"*. O *"bac"*, como é conhecido na linguagem coloquial francesa, é uma qualificação acadêmica concedida após a conclusão do ensino médio. Foi criado por um decreto de Napoleão Bonaparte, em 17 de março de 1808. [N.T.]

Parti rumo à conquista do saber. Entre 1939 e 1940, intensifiquei meus estudos.

Ao aprofundar minha cultura literária, adquiri também uma cultura histórica, sociológica, econômica e filosófica. Graças a Georges Lefebvre, meu professor de história da Revolução Francesa, assimilei duas ideias--chave que mais tarde iriam fecundar *O Método*. A primeira é a de que com muita frequência as decisões e ações não alcançam os resultados esperados e podem até mesmo levar ao oposto (ecologia da ação). A segunda é a de que o historiador que estuda o passado deve se auto-historicizar em seu tempo, pois, inconscientemente, ele projeta os problemas e experiências de sua época em seu objeto (a observação do observador).

Em 10 de maio de 1940, a Alemanha atacou a Holanda e a Bélgica. Os exércitos franceses sofriam sucessivas derrotas. Enquanto estudava para as provas, em 10 de junho, ouvi no rádio que os exames da Universidade de Paris haviam sido suspensos. No mesmo dia, tomei o último trem para Toulouse. As tropas alemãs entraram em Paris em 14 de junho, e a França rendeu-se em 22 de junho.

2 Morte e ressurreição de uma verdade

A verdade da guerra

Os exércitos alemães continuavam sua invasão. Com milhões de refugiados, a França colapsava de norte a sul. Em Toulouse, a rua Alsace-Lorraine estava congestionada pelos caminhões militares em debandada, pelos refugiados do leste, do norte e do oeste em fuga. A voz trêmula do marechal Pétain anunciava o armistício "com honra". O país estava amedrontado. Foram raros os que, no dia 18 de junho, ouviram o apelo do general Charles de Gaulle à resistência.

Embora aceitasse o fato consumado como fatalidade, em novembro de 1940, participei em Toulouse de uma pequena manifestação em solidariedade ao professor Vladimir Jankélévitch, que o governo de Vichy acabava de demitir devido à aplicação das primeiras medidas de exclusão dos judeus do ensino público. Depois disso, passei a acompanhar os cursos particulares que ele ministrava no primeiro andar de um café na *Place du Capitole* e, de seus comoventes ensinamentos, guardei a importância do inefável, do que não pode ser dito em palavras, daquele "não sei o quê" e do "quase nada".

Contudo, pude descobrir que, embora me considerasse racional, eu não era de modo algum racionalista. Fui apresentado a Julien Benda para provê-lo de citações reveladoras da irracionalidade de autores como André Gide, Paul Valéry, André Malraux, entre outros, que ele condenava em *A França bizantina*[18], livro que havia começado a escrever. Benda vivia asceticamente em um pequeno cômodo em Carcassonne e guardava com ele apenas quatro livros, entre os quais um de Bento de Spinoza, que teve sua obra perseguida e destruída, mas que, mesmo sem nenhuma esperança de ver publicado seu trabalho, escrevia como se fosse para toda a eternidade.

Fiquei muito impressionado com aquele homem e lia tudo o que ele me recomendava; por vezes, eu me arriscava a defender alguma frase de André Gide ou de Paul Valéry, mas não pude influenciá-lo, assim como ele não conseguiu me influenciar. Devo a ele o fato de ter lido Hippolyte Taine, Antoine Cournot, Fustel de Coulanges, cujo "estilo de ideias" ele apreciava.

---

[18] Julien Benda, *La France byzantine ou le triomphe de la littérature pure: Mallarmé, Gide, Proust, Valéry, Alain, Giraudoux, Suarès, les surréalistes. Essai d'une psychologie originelle du littérateur*, Paris: Gallimard, 1945.

A Alemanha nazista estendia seu império, abarcando toda a Europa, e acreditava-se que iria aniquilar a União Soviética, que ela atacou em junho de 1941. No fim daquele verão, tudo parecia consumado: Leningrado estava sitiada; a maior parte da Rússia europeia, invadida; e as tropas alemãs chegavam aos subúrbios de Moscou.

A esperança não poderia ser colocada senão em um futuro muito distante. Em um artigo que me impactou muito, publicado em 1940, Simone Weil relembrava que a bárbara conquista romana do mundo mediterrâneo havia culminado, dois séculos depois, não apenas na Pax Romana mas também no Édito de Caracala (212 d.C.), que concedia a cidadania a qualquer habitante do Império. Ela sustentava a hipótese de que uma bárbara vitória nazista sobre a Europa seria ultrapassada por essa mesma vitória e faria emergir uma Europa unida e civilizada[19].

Hitler havia prometido um Reich de mil anos. Sem ir assim tão longe, a dominação nazista parecia solidamente estabelecida. O inesperado aconteceu e o inacreditável se materializou. Desde o início do outono de 1941, o exército germânico permanecia preso na entrada de Moscou por causa de chuvas torrenciais, seguidas por um inverno precoce que literalmente congelou as tropas alemãs. Soube-se, depois, que Hitler havia atrasado por um mês o ataque à União Soviética, obrigado a neutralizar primeiro um golpe de estado antialemão na Iugoslávia. Se ele tivesse atacado a União Soviética em maio, Moscou teria sucumbido. Por outro lado, soube-se, igualmente mais tarde, que Stálin havia sido prevenido por seu agente secreto Richard Sorge, baseado em Tóquio, de que o Japão, aliado da Alemanha, não atacaria a Sibéria. Isso permitiu a Stálin redirecionar suas tropas descansadas do Extremo Oriente para a frente de batalha de Moscou.

Em 5 de dezembro, o marechal Guéorgui Júkov[20] deu início à contraofensiva soviética que iria liberar Moscou totalmente; foi a primeira derrota nazista, a primeira vitória soviética. Em 7 de dezembro, a força aérea japonesa atacou Pearl Harbor, o que fez os Estados Unidos entrarem na guerra, que se tornara mundial. Em dois dias, o destino do mundo passou por uma reviravolta. Posteriormente, após diversos acontecimentos militares imprevisíveis, instalou-se uma surpreendente resistência

---

[19] Simone Weil, "Quelques Réflexions sur les origines de l'hitlérisme", *Nouveaux Cahiers*, n. 53, 1º jan. 1940; reed. em: *Œuvres complètes*, t. 2, Paris: Gallimard, 1960.

[20] Ministro da Defesa de Stálin, Guéorgui Júkov (1896-1974) foi nomeado chefe do Estado-Maior da URSS. [N.T.]

soviética em Stalingrado (de julho de 1942 a fevereiro de 1943), seguida de uma extraordinária vitória que rendeu 91 mil prisioneiros, entre eles o marechal de campo Friedrich Paulus[21].

Por essa razão, a partir de dezembro de 1941 e ao longo de todo o ano de 1942, fui levado a reconsiderar totalmente minha visão sobre a União Soviética. Eu não podia esquecer o que sabia de fonte segura a respeito do comunismo stalinista, dos processos de Moscou, do papel do coronel Orlov[22] durante a Guerra Civil Espanhola. Entretanto, baseado em uma reflexão histórica, passei a acreditar que todos os aspectos negativos da União Soviética eram, por um lado, herança característica da alienação da Rússia czarista e, por outro, consequências do cerco capitalista que havia induzido uma psicologia obsidiante nos dirigentes soviéticos, principalmente em Stálin, levando-os a enxergar espiões e inimigos por toda parte. Mesmo sem justificar os processos de Moscou, eu os "compreendia" com tristeza. Os excessos de crueldade e a eliminação de qualquer tipo de contestação eram o oposto de tudo que havia de mais positivo ali: a energia do Partido, que salvaguardava a qualquer custo seu bem mais precioso, a Unidade.

Assim como um hegelianismo ingênuo havia feito da conquista napoleônica uma "astúcia da razão", por meio da qual se difundiram pela Europa as ideias da Revolução Francesa, também a implacável ditadura de Stálin, que doravante eu mesmo considerava necessária, fez dele o instrumento de uma astúcia da razão, que deveria assegurar o triunfo dos nobres ideais revolucionários no mundo.

Ademais, após Stalingrado, o pacto germano-soviético foi considerado uma astúcia genial de Stálin para ganhar tempo. Enfim, eu aplicava à União Soviética o argumento de Simone Weil, fazendo de uma guerra bárbara o meio para alcançar uma paz civilizada. Não era a Europa que seria salva, era a humanidade inteira que seria liberta de todas as explorações graças à vitória soviética. O comunismo não era a máscara de um sistema totalitário, e sim a verdade profunda que o futuro da União Soviética carregava nas costas.

---

[21] Militar de carreira, Friedrich Paulus (1890-1957) ficou conhecido por comandar a frente oriental do 6° Batalhão do exército alemão. Rendeu-se com 200 mil homens durante o cerco do Exército Vermelho. Sua derrota selou o destino da Segunda Guerra Mundial. [N.T.]
[22] Aleksandr Mikhailovich Orlov (1895-1973) foi coronel da polícia secreta russa, conhecido por transportar toda a reserva de ouro da Espanha para a União Soviética durante a Guerra Civil Espanhola e por seu livro *The Secret History of Stalin's Crimes* [A história secreta dos crimes de Stálin] (1953). Em 1938, Orlov se recusou a voltar para a União Soviética, pois sabia que seria executado; em vez disso, foi com a família para os Estados Unidos. [N.T.]

Igualmente, meu novo sistema de pensamento transformava os piores aspectos do comunismo soviético em atributos secundários e provisórios; ele neutralizava, recalcava os indubitáveis conhecimentos que faziam parte de minha cultura política adolescente. Os fatos eram dissipados, desintegrados pela racionalização. Eu havia destruído minha imunidade intelectual em prol de uma crença.

De fato, as provações e os imensos sofrimentos vividos pelos combatentes e pelas populações alimentavam um messianismo de guerra, a ideia de que da vitória nasceria necessariamente um mundo melhor. O comunismo continha em si a aspiração ao fim da pré-história humana, ao reino da fraternidade universal. Essa vitória iria legitimar retrospectivamente toda a história da União Soviética.

Eu escondia de mim mesmo o caráter religioso de minha adesão ao comunismo, acreditando obedecer à injunção do pensamento hegeliano-marxista.

No decorrer de 1942, em Toulouse, comecei a militar clandestinamente com os comunistas e, depois, em Lyon, no outono desse mesmo ano, em plena batalha de Stalingrado, entrei para o Partido Comunista. Na primavera de 1943, interrompi meus estudos para me tornar um membro profissional da Resistência Francesa, com uma dupla filiação, ao comunismo e ao degaullismo.

Eu acreditava ter respondido à questão de Kant. Eu sabia o que devia saber, eu conhecia o que era preciso conhecer: a verdade hegeliano-marxista. Eu sabia em que devia acreditar (embora não tivesse recalcado totalmente minhas dúvidas). Eu sabia o que era preciso esperar.

Como anunciava Arthur Rimbaud em *Uma temporada no inferno*[23], eu possuía "a verdade em uma alma e em um corpo".

Eu tampouco tinha noção de que vivia no mundo da ilusão. Não sabia que minha racionalidade havia sido ofuscada pela fé. Acreditava, ao contrário, ter encontrado a verdadeira racionalidade, enquanto o que eu fazia era a racionalização. Não havia compreendido que entrara para uma religião.

---

[23] Ed. bras.: Arthur Rimbaud, *Uma temporada no inferno*, trad. Paulo Hecker Filho, Porto Alegre: L&PM, 2002.

A desilusão

Eu costumava dizer que a ilusão era inseparável de um sistema hegeliano-marxista coerente que, em meu livro *Autocritique* [Autocrítica], denominei "nossa vulgata"; foi necessária a ajuda de acontecimentos a princípio menores e depois, a partir de 1946, enormes para que esse sistema se desintegrasse.

Inicialmente, quando o Partido Comunista resolveu controlar a vida intelectual e a literatura, meus amigos Dionys Mascolo, Robert Antelme, Elio Vittorini e eu resistimos. Fizemos oposição à identificação da frente da cultura com a frente da política. Foi, porém, uma resistência intelectual limitada à cultura. Por exemplo, quando Jean Kanapa ficou indignado pelo fato de o Prêmio Nobel de 1947 ter sido atribuído a André Gide, que no jornal *Les Lettres Françaises*[24] ele qualificava de "velho pederasta fascista", escrevi um artigo para indicar que, a despeito de seu anticomunismo radical, Gide desempenhava um papel libertador[25]. Quando a doutrina "Jdanov"[26] das duas ciências e das duas literaturas, burguesa e proletária, foi imposta aos intelectuais comunistas, nós a desaprovamos. Mas não contestamos a política do Partido.

Embora consternados, permanecemos calados diante da expulsão de Josip Broz Tito pelo Kominform[27], em junho de 1948, por mais grotesca que nos tenha parecido sua denúncia como fascista. Não ousamos nos pronunciar por ocasião do processo Kravchenko-*Les Lettres Françaises*[28], em 1949, nem diante do pedido de David Rousset, nosso amigo, para investigar os campos de concentração soviéticos.

---

[24] Fundado em 1941, *Les Lettres Françaises* era um jornal clandestino da Resistência Francesa durante a ocupação alemã. A partir da Liberação até 1972, o jornal foi patrocinado pelo Partido Comunista Francês. Originalmente apoiava o stalinismo, mas nos anos 1960 tornou-se um crítico do regime soviético e perdeu o apoio comunista. [N.T.]

[25] Edgar Morin, "'Familles, je vous haïssais.' André Gide et le Prix Nobel", *Action*, n. 164, nov. 1947.

[26] Inserida no contexto do pós-Segunda Guerra Mundial, a doutrina do soviético Andrei Jdanov (1896-1948) impôs a divisão do mundo entre o imperialismo e a antidemocracia, de um lado, e a democracia, o antifascismo e o anti-imperialismo submetidos às diretivas de Moscou, de outro, não admitindo a neutralidade. Foi também uma política de Estado para todas as manifestações artísticas e culturais soviéticas (literatura, pintura, arquitetura, *design*, escultura, música, cinema, teatro etc.). [N.T.]

[27] Kominform, Comitê de Informação dos Partidos Comunistas e Operários. [N.T.]

[28] Em 1949, o dissidente soviético Victor Kravchenko processou o jornal *Les Lettres Françaises* por difamação. Após a publicação de seu livro *Escolhi a liberdade: a vida privada e política de um funcionário soviético* (trad. Maria Helena Amoroso Lima Senise, Rio de Janeiro: A Noite, [s. d.]), que denunciava os campos de concentração soviéticos, os *gulags*, o jornal, de ideologia soviética, o acusou de ser um agente estadunidense, baseando-se em documentos falsos fornecidos pelo jornalista André Ulmann, que trabalhava para a inteligência soviética. Em abril de 1949, o tribunal o absolveu e ele recebeu uma indenização nominal. [N.T.]

O desgosto aumentava diante de tantas mentiras, das insanidades, das crueldades, mas ele não tinha a força para criar a ruptura espiritual.

Essa ruptura aconteceu alguns meses após o caso Kravchenko, durante o processo de László Rajk, um dirigente comunista húngaro acusado de ter sido espião nazista e depois estadunidense, que tinha confessado seus grandes crimes imaginários. O poderoso esclarecimento de meu amigo François [Ferenc] Fejtö, na revista *Esprit*, revelou-me toda a impossura[29]. Amigos muito queridos do Partido romperam comigo. Eu mesmo não ousava romper publicamente com o Partido. Não renovei minha carteirinha, mas foi necessário que dois anos depois viesse a exclusão para que eu finalmente me libertasse.

Nesse intervalo, eu me dedicava à redação de *O homem e a morte*[30]. Foi nesse livro que concentrei minha mente no pensamento complexo, que religa os conhecimentos dispersos das múltiplas disciplinas, organiza-os e enfrenta as contradições. Meu projeto era imenso: compreender as atitudes, os comportamentos, as crenças dos seres humanos diante da morte, desde a Pré--História até os tempos contemporâneos. Aproveitando minha infelicidade de desempregado intelectual[31], consegui passar dois anos na Biblioteca Nacional e reunir os incontáveis e diversos conhecimentos necessários para realizar meu propósito. Desenvolvi minha cultura em domínios incomuns, principalmente a biologia, a psicanálise, as civilizações não ocidentais, as religiões... Precisei enfrentar duas contradições fundamentais. A primeira: como e por que o ser humano, que desde a Pré-História tem consciência de que a morte é a decomposição de um cadáver, pode imaginar e acreditar em uma vida após a morte? A segunda: como e por que o ser humano, que tem horror da morte, pode, como tem feito com tanta frequência, arriscar a vida por sua honra, sua pátria, sua fé?

Minhas rupturas e transformações intelectuais desde 1939, quando entrei na universidade, de modo algum haviam alterado minha aspiração profunda a religar os conhecimentos, até então separados e compartimentados, para compreender a condição humana. Foi o que eu me esforcei para realizar nesse livro.

---

[29] François Fejtö, "L'Affaire Rajk est une affaire Dreyfus internationale", *Esprit*, nov. 1949.
[30] Edgar Morin, *L'Homme et la mort*, Paris: Seuil, 1970. [Ed. bras.: *O homem e a morte*, trad. Cleone Augusto, Rio de Janeiro: Imago, 1997.]
[31] Cf. Edgar Morin, *Autocritique*, Paris: Seuil, 2012, p. 143.

O ano de 1951 foi decisivo; eu tinha 30 anos, fui recrutado pelo Centro Nacional de Pesquisa Científica (Centre National de la Recherche Scientifique, CNRS) como estagiário de pesquisa, *O homem e a morte* foi publicado e, finalmente, a exclusão concretizou minha ruptura com o Partido Comunista de maneira oficial e evidente.

A ruptura, porém, ainda não era a desintegração da "vulgata" hegeliano-marxista. O ano de 1956 trouxe-me a esperança de um comunismo com "rosto humano": o Relatório Kruschev[32], o Outubro Polonês, a Revolução Húngara. Não obstante, nesse mesmo ano, a aniquilação da Revolução Húngara pelo exército soviético transformou a ruptura em antagonismo. O comunismo soviético havia se tornado o inimigo.

Em *Autocrítica*, consegui reconstituir o processo de desintoxicação. Foi essencialmente a segunda glaciação stalinista que despertou minhas lembranças da primeira glaciação e, ao mesmo tempo, fez circular minhas reservas racionais e céticas. Mais lentamente, a mística da "necessidade histórica" se desintegrou. O Relatório Kruschev concluiu essa etapa. Depois foi a vez do mito do Partido como encarnação da classe operária ser varrido de Poznań e de Budapeste. O mito histórico do proletariado como messias da sociedade sem classes foi derrubado em seguida. Logo o mito do Partido se desfez em poeira. Compreendi (fato que analisei mais tarde em *Da natureza da URSS*[33]) que o eixo central do comunismo soviético residia na concentração de um poder total nas mãos do Partido, não apenas sobre o Estado e sobre a Sociedade mas sobre a Verdade, a Ciência, a História. O "monolitismo" não era senão um aspecto do monopolismo. Como qualquer religião poderosa, o comunismo monopolizava tudo. Comecei então a questionar o marxismo.

---

[32] Assim que Stálin morreu, em março de 1953, seu sucessor, Nikita Kruschev, o secretário-geral do Partido, deu início à desestalinização da União Soviética. Oficialmente, isso ocorreu apenas em 1956, quando, ao término do XX Congresso do Partido Comunista, Kruschev divulgou seu Relatório Secreto. Para os dirigentes soviéticos, isso significava abandonar o culto da personalidade e denunciar os excessos cometidos no período do stalinismo, como as deportações em massa, os *gulags* e as prisões arbitrárias de "honestos comunistas" e de chefes militares, tratados como inimigos do povo. Comunicado em sigilo total, o relatório só foi publicado na Rússia no fim dos anos 1980. [N.T.]

[33] Edgar Morin, *De la Nature de l'URSS: complexe totalitaire et nouvel Empire*, Paris: Fayard, 1983. [Ed. port.: *Da natureza da URSS: complexo totalitário e novo Império*, trad. Maria Gabriela de Bragança, Mem Martins: Europa-América, 1983.]

Percebi que todas as estruturas da minha concepção do mundo haviam sido abaladas por uma desintegração em cadeia e que uma revisão generalizada de todas as minhas ideias se impunha. A revista *Arguments* e meu livro *Autocrítica*[34] foram momentos necessários desse repensar.

Arguments, da qual eu era diretor e que Jean Duvignaud, Kostas Axelos, François Fejtö e eu publicamos de 1956 a 1962, foi uma revista questionadora por natureza, em que foram levantadas novamente as questões de Kant, entre as quais se incluíam as mesmas perguntas do célebre quadro de Paul Gauguin[35]: *De onde viemos? O que somos nós? Para onde vamos?* Durante todos esses anos, consegui rever minhas ideias e, simultaneamente, aprimorar minha cultura, integrando Theodor Adorno, Karl Korsch, Martin Heidegger. Empreendemos a tarefa de "superar" Marx, mas salvaguardando tudo o que considerássemos indispensável. Para mim, Marx tornara-se uma estrela em uma nova constelação intelectual. A partir da revista *Arguments*, adquiri a consciência de que vivíamos a idade do ferro da era planetária.

Autocrítica, que redigi durante o período da revista *Arguments*, surgiu em 1958; sua escrita foi de importância capital para mim. Retrospectivamente, considero esse livro como um precursor de *O Método*, pois ele levanta a questão-chave da verdade, do erro, da ilusão. Compreendi que essa questão não se fazia apenas, nem principalmente, no nível das informações, mas no nível da organização do conhecimento e do pensamento. Compreendi também que uma fonte de erros e de ilusões age para ocultar os fatos que nos incomodam, para anestesiá-los e eliminá-los de nossa mente. Eu já sabia, por meio de Hegel, que uma verdade parcial conduzia ao erro global. Compreendi melhor, graças a Adorno ("A totalidade é a não verdade"), que a verdade total é um erro total.

Diferentemente de *O Método*, no qual eu iria levantar o problema da ilusão e do erro em termos antropológicos e epistemológicos, em *Autocrítica* eu situava o problema em termos de autoexame pessoal. Para mim, essa foi uma verdadeira curetagem intelectual.

---

[34] Lançada em 1959, pela Seuil, e com um novo prefácio em 1991.
[35] Pintada entre 1897 e 1898, no Taiti, a tela *D'Où Venons-Nous? Que Sommes-Nous? Où Allons-Nous?*, de Paul Gauguin, faz parte do acervo do Museum of Fine Arts, situado em Boston, nos Estados Unidos. [N.T.]

Ao escrever este livro [*Autocrítica*], meu desejo foi reencontrar os processos mentais que me levaram a aderir "racionalmente" ao que antes me parecia delirante e repugnante. Eu queria compreender como um novo sistema de pensamento se forma, como se torna blindado com uma imunidade que lhe permite resistir aos argumentos e aos fatos que o contradizem.

Posteriormente, ao escrever o prefácio da reedição de 1991, eu quis demonstrar "como a dúvida reaparece, como o sistema racionalizador começa a se desintegrar, como se opera o combate da revolta contra o poder ideológico-religioso que colonizou nossa mente e a possui". "Ter vivido uma experiência não basta para que ela se transforme em uma verdadeira experiência"; é preciso pensar a experiência vivida para compreendê-la e transformá-la em experiência adquirida.

> Essa autocrítica me ajudou a compreender. Compreender a si mesmo já é um passo para compreender os outros. Todos nós temos necessidade de compreender como se operam as derivas insensíveis que nos arrastam na direção contrária daquilo que inspirou nossa crença; devemos compreender como corremos o risco incessante de mentir para nós mesmos. Devemos compreender os processos de racionalização que justificam de maneira aparentemente lógica o que nos torna cegos à verdade empírica. Precisamos compreender melhor os outros para nos tornar mais vigilantes em relação a nós mesmos. Eu mesmo, de tanta inumanidade, tirei uma lição de humanidade; de tanto fanatismo, uma lição de verdadeira tolerância; de tantos erros, uma lição de vigilância intelectual permanente; de tantas mentiras, uma lição de respeito infinito pela verdade.

Na verdade, comecei uma prática de conhecimento do conhecimento, que desenvolvi em *O Método*.

A década de 1950 assistiu a uma sucessão de catástrofes históricas – a Guerra da Argélia, a guerra entre Israel e Egito, a Crise de Suez, o Outubro Polonês, o Relatório Kruschev (que dessacralizava Stálin), a Revolução Húngara e sua repressão pelo exército soviético, o golpe na Argélia ou Putsch dos Generais, a morte da Quarta República Francesa e a ascensão do general de Gaulle ao poder enquanto a Guerra da Argélia se agravava. A meu modo, reagi ativamente a esses acontecimentos que, ao mesmo tempo que forjavam em mim uma nova consciência, abalaram e até mesmo fizeram desmoronar, como fez Sansão, os pilares de minha concepção de mundo, provocando novas interrogações e novas dúvidas, momento que coincidiu com uma crise existencial que convulsionava minha vida pessoal.

Fui simultaneamente consumido por um turbilhão de atividades e de viagens, ao fim das quais fui parar em estado de coma no hospital Mount Sinai, em Nova York, em 1961. A partir do momento em que recuperei a consciência, na ala do hospital em que estava internado, consegui rabiscar em um papel a necessidade de questionar minha vida e de questionar a mim mesmo; não eram exatamente as questões de Kant que eu formulava naquele momento, mas sim: O que é importante para mim? Em que acreditar? Em que pensar? Onde eu estou? Quem eu sou? Eu queria refletir, e a palavra que se impunha em minha mente era "meditação". Durante uma longa convalescença na região do Midi[36], onde eu passava do estado vegetativo para o estado animal e, depois, para o estado humano, redigi um longo manuscrito sobre os problemas-chave que me assombravam. Escrito para mim mesmo, sem nenhuma pretensão de publicá-lo, deixei o texto adormecido até que, instigado pelas aspirações juvenis de 1968, ousei trazê-lo a público. O título seria *A meditação*, mas já havia outro livro com esse nome, então o editor sugeriu *Le Vif du sujet*[37]. Essa "viagem de ideias" em busca do "pensamento sadio", na qual desenvolvo minhas reflexões antropológicas e que provocou uma guinada em meu horizonte espiritual, prefigurava o encaminhamento de *O Método* por temas que eu retomaria em um nível epistemológico, no qual o conhecimento é inseparável da vontade de conhecimento do conhecimento.

---

[36] Em francês antigo, a palavra designava o sul da França mediterrânea e atlântica. [N.T.]

[37] Edgar Morin, *Le Vif du sujet*, Paris: Seuil, 1969. [Ed. bras.: *X da questão: o sujeito à flor da pele*, trad. Fátima Murad, Fernanda Machado, Porto Alegre: Artmed, 2003.]

3
O caminho em direção a *O Método*

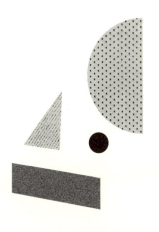

O conhecimento revolucionante

Foi no transcorrer dos anos 1960 que sucedeu a revolução intelectual que me permitiu conceber *O Método*.

Depois da publicação de meu livro *Introdução à política do homem*[38], em 1965, o dr. Jacques Robin convidou-me para integrar um grupo de discussão interdisciplinar coordenado por ele e que se reunia uma noite por mês. Ali, o pensamento de Henri Laborit reintroduziu-me nos aspectos originais da psicobiologia humana, e o pensamento de Jacques Sauvan me revelou que a cibernética de Norbert Wiener, em vez de ser uma concepção mecanicista da organização, trazia, nas ideias de retroação, uma complexidade até então ignorada por mim. A cibernética me libertava da causalidade linear para me levar às ideias de "circuito", primeiramente retroativo, depois recursivo. A regulação obtida por retroação negativa assegurava a estabilidade de um sistema, bem como sua autonomia em relação ao meio exterior.

Mas foi sobretudo no Instituto Salk, na Califórnia, aonde fui como convidado durante o período 1969-1970, que descobri os ingredientes que iriam renovar totalmente meu pensamento e me conduzir a *O Método*. Durante esse tempo, pude assimilar, à minha maneira, a revolução biológica de então: Jacques Monod havia sugerido que eu lesse o manuscrito de *O acaso e a necessidade*[39]. Descobri o paradoxo da genética, que reproduz a organização viva de modo idêntico, mas que, sob efeito do acaso, pode produzir por mutação uma nova organização viva. Eu já desconfiava que o acaso não era o único protagonista das transformações evolutivas e que na vida existiam potencialidades organizadoras/ criadoras.

Igualmente importante foi a descoberta de que a organização viva básica, inscrita no DNA, funcionava como uma mensagem que, transmitida às proteínas via RNA, assegurava a permanência e o desenvolvimento do ser vivo. Assim, a organização viva era comunicacional/informacional, ou seja, cognitiva. A biologia da época assimilava a "mensagem" do DNA a um programa, mas, como mais tarde Henri Atlan me alertou, esse pro-

---

[38] Edgar Morin, *Introduction à une politique de l'homme, suivi de Arguments politiques*, Paris: Seuil, 1965. [Ed. bras.: *Introdução à política do homem: argumentos políticos*, trad. Celso de Sylos, Rio de Janeiro: Forense, 1969.]

[39] Jacques Monod, *Le Hasard et la nécessité: essai sur la philosophie naturelle de la biologie moderne*, Paris, Seuil, 1970. [Ed. bras.: *O acaso e a necessidade: ensaio sobre a filosofia natural da biologia moderna*, trad. Bruno Palma, Pedro Paulo de Sena Madureira, Petrópolis: Vozes, 1976.]

grama precisa de proteínas para se tornar executor, e é o circuito DNA/ proteínas que é, verdadeiramente, gerador.

No decorrer de minhas investigações, percebi a importância física universal do segundo princípio da termodinâmica, princípio de desordem e de corrupção de qualquer organização. Eu já havia sido surpreendido pela descoberta do astrônomo Edwin Hubble, que demonstrava que, em vez de ser estático e permanente, o Universo era fruto de um acontecimento inicial quase explosivo, do qual nasceram partículas, átomos e astros; e que nosso Universo não se submetia a uma ordem determinista impecável, mas obedecia a uma dialética de ordem e de desordem à qual, depois de ter assimilado a teoria dos sistemas, eu devia acrescentar um terceiro termo: a organização.

Dediquei-me efetivamente à teoria dos sistemas e li com avidez os volumes anuais da *general system theory* [teoria geral dos sistemas]. Descobri Gregory Bateson, que, em seu livro *Naven*[40], havia elaborado uma teoria da cismogênese[41] e, depois, com base na cibernética, a teoria dos grupos e a teoria dos tipos. Bateson desenvolvia então uma teoria da comunicação original (na mesma trilha da escola de Palo Alto), que abrangia a noção de *double bind*[42] e uma verdadeira antropologia.

William Ross Ashby me forneceu uma primeira definição do termo "complexidade" como sendo o grau de variedade de um sistema. Em sua lei da variedade indispensável (*law of requisite variety*), ele demonstrava que a regulação de um sistema requeria um dispositivo de controle cuja complexidade deveria ser igual ou superior à complexidade do sistema a ser gerado. Ele argumentava que, quando a variedade ou complexidade

---

[40] Gregory Bateson, *La Cérémonie du Naven*, Paris: Les Éditions de Minuit, 1971. [Ed. bras.: *Naven: um esboço dos problemas sugeridos por um retrato compósito, realizado a partir de três perspectivas, da cultura de uma tribo da Nova Guiné*, trad. Magda Lopes, São Paulo: Edusp, 2006.]

[41] Em sua pesquisa do povo iatmul, que integra *Naven*, Gregory Bateson (1904-1980) formulou o conceito de cismogênese, definindo-o como um fenômeno interacional que decorre de um processo de diferenciação das normas de comportamento individual, resultado da interação cumulativa entre indivíduos. A cismogênese pode ser também um fenômeno percebido nas sociedades líquidas contemporâneas. [N.T.]

[42] Formulado por Gregory Bateson em 1950, o *double bind*, duplo vínculo ou dupla imposição, é um dilema angustiante em que um indivíduo ou grupo recebe duas ou mais mensagens conflitantes em que uma nega a outra. Nem o sujeito nem o grupo podem enfrentar esse tipo de dilema, não podem resolvê-lo nem sair da situação. O tom da voz e a linguagem corporal têm um papel explícito nesse tipo de emissão de mensagens, que envolve indivíduos e grupos sociais mais amplos. Bateson e seus colegas discutiram a relação do *double bind* com o desencadeamento de processos esquizofrênicos e descobriram que duplos vínculos destrutivos eram um padrão recorrente na comunicação familiar dos pacientes. Cf. Gregory Bateson, "Forme et pathologie des relations", *Vers une Écologie de l'esprit*, v. 2, trad. Ferial Drosso, Laurencine Lot, Eugène Simion, Paris: Seuil, 1980, pp. 9-96. [N.T.]

do "comandado" aumentava ou ultrapassava a do "comandante", uma "inversão de controle" se produzia.

Descobri as teorias da informação e da comunicação de Claude Shannon e Warren Weaver[43], que mostravam que qualquer transmissão de informação comportava um risco de erro. Logo depois, Weaver publicou o artigo "Science and Complexity"[44] [Ciência e complexidade], anunciando que a ciência do século XX deveria ser a ciência da complexidade.

John von Neumann surgiu para mim não apenas como o fundador da teoria dos jogos mas como um dos precursores de uma nova concepção de organização do ser vivo. Ele argumentava que a principal diferença entre uma máquina viva e uma máquina artificial decorria do fato de que a máquina artificial começava a se degradar a partir do momento em que entrava em atividade, ao passo que a máquina viva era capaz de se autorreparar e de evoluir.

Por fim, a obra de Heinz von Foerster (que Henri Atlan me apresentou) foi decisiva. Precursor da cibernética de segunda ordem, ou cibernética dos sistemas observantes, e não mais dos sistemas observados, ele introduziu em minha mente a necessidade de integrar qualquer observador em sua observação e, depois, de modo mais amplo, de integrar todo sujeito cognoscente no objeto. Como ressalta von Foerster, "para escrever uma teoria do cérebro, é necessário um cérebro que comande a mão que escreve"[45].

Além disso, nos anos 1950, emergia uma intensa atividade intelectual cujo objetivo era apreender o que constituía a originalidade da vida, a auto-organização. Houve vários colóquios sobre os *self-organizing systems*. Em um deles, que para mim foi de importância capital[46], von Foerster ressaltou o seguinte paradoxo: não pode haver auto-organização sem dependência do ambiente, porque, para essa auto-organização

---

[43] Claude Shannon (1916-2001) e Warren Weaver (1894-1978) são coautores do livro *The Mathematical Theory of Communication*, Urbana: University of Illinois Press, 1949. Esse texto repercutiu de modo diferenciado nas ciências humanas. Na antropologia, influenciou as ideias de Claude Lévi-Strauss (1908-2009), que nos anos 1940 considerou a hipótese de a antropologia se transformar numa ciência geral da comunicação humana. [N.T.]

[44] Warren Weaver, "Science and Complexity", *American Scientist*, v. 36, n. 4, out. 1948, pp. 536-44. [N.E.]

[45] Heinz von Foerster, "Cybernetics of Cybernetics", em: *Understanding Understanding*, Nova York: Springer, 2003, p. 289.

[46] "Self-Organizing Systems and their Environment", em: Marshall C. Yovits e Scott Cameron (orgs.), Self-Organizing Systems, Oxford: Pergamon Press, 1960. (Por recomendação minha, o artigo foi publicado na coleção *L'Anthologie du savoir*, no volume intitulado *La Société*, Paris: CNRS, 2011, pp. 647-71).

acontecer, ela precisa se alimentar de energias e de informações. A autonomia do ser vivo é, portanto, baseada em uma dependência. Concluí a partir disso que o termo auto-organização deveria ser ampliado para autoeco-organização.

Erwin Schrödinger havia enunciado o princípio "*order from disorder*", ordem a partir da desordem, segundo o qual uma ordem estatística macroscópica nasce de um acúmulo de desordens microscópicas. Von Foerster havia elaborado o princípio "*order from noise*", ordem a partir do ruído, que mostra que o "ruído" (acaso, desordem), quando combinado com um princípio de ordem, pode contribuir para a produção de uma organização, por meio da mediação de redundâncias pré-disponíveis na organização inicial.

Partindo do fato de que o cérebro, fechado em sua caixa-preta, só se comunica com o mundo exterior pela mediação de terminais sensoriais, não podemos conhecer *a* realidade, mas apenas as traduções/reconstruções que passam por inúmeras computações. Também, segundo von Foerster, o conhecimento não era a computação de uma realidade, mas sim a computação de uma computação. Daí decorre seu construtivismo, que, de minha parte, considero mais como um coconstrutivismo.

Entre os trabalhos publicados em seu Biological Computer Laboratory, da Universidade de Illinois, von Foerster enviou-me posteriormente o texto "Cybernetical Ontology and Transjunctional Operations" [Ontologia cibernética e operações transjuncionais], de Gotthard Günther[47], no qual o filósofo propunha uma lógica poliposicional e policontextual, ou seja, uma lógica complexa, que para mim provocava a necessidade de se ultrapassar a lógica clássica.

Foi assim que descobri, de maneira avulsa, na Califórnia e depois em Paris, todas essas contribuições do pensamento dos anos 1940 a 1955. Em virtude da disjunção entre as ciências e da compartimentalização dos saberes, esses trabalhos, oriundos das reflexões de matemáticos, engenheiros, físicos, biólogos, eram desconhecidos nas ciências da natureza e nas ciências humanas, mesmo que constituíssem os maiores avanços do conhecimento humano no século XX.

---

[47] Cf. Marshall C. Yovits, George T. Jacobi e Gordon D. Goldstein (orgs.), *Self-Organizing Systems, 1962*, Washington: Spartan Books, 1962, pp. 313-92. Günther é também autor de um livro profético, *La Conscience des machines*, Paris: L'Harmattan, 2008, cujo prefácio à edição francesa é de minha autoria.

Os eixos

Todas as minhas descobertas, bem como minhas pesquisas e reflexões, se organizaram naturalmente a partir de quatro grandes eixos.

1. O mundo físico

a) Esse mundo não podia mais ser considerado um mundo de ordem integralmente determinista. Era preciso conceber uma dialética ordem/desordem/organização feita de interações e de retroações.

b) A partir de partículas, nosso Universo se constrói e se desenvolve em sistemas ou organizações. A teoria dos sistemas, a cibernética e o conceito de emergências (qualidades próprias de um sistema, oriundas de sua própria organização) me abriam a possibilidade, que explorei no primeiro volume de *O Método*, de elaborar uma teoria da organização.

c) Ainda que na física reinasse o segundo princípio da termodinâmica, produtor de desordem, não existia nenhum princípio que desse conta das criações organizadoras. Foi em Gregory Bateson, e depois em Humberto Maturana[48] e Francisco Varela[49], que encontrei os elementos de uma concepção morfogenética, que permitia dialetizar o princípio desorganizador com um princípio organizador contrário. Com o exemplo dos motivos periódicos dos turbilhões de Bénard[50], Ilya Prigogine[51] mostrou que,

---

[48] Humberto Maturana é neurobiólogo e crítico do realismo matemático. Com Francisco Varela, foi criador da teoria da autopoiese e da biologia do conhecer. Cf. Humberto Maturana e Francisco Varela, *A árvore do conhecimento: as bases biológicas da compreensão humana*, trad. Lia Diskin, Humberto Mariotti, São Paulo: Palas Athena, 2001. [N.T.]

[49] De origem chilena, Francisco Varela (1946-2001) foi professor da Escola Politécnica e membro do Laboratório de Neurociências Cognitivas do Hospital da Salpêtrière, ambos em Paris. Por considerar o budismo uma filosofia geral da vida, publicou uma série de ensaios e proposições acerca dos processos cognitivos que moldam a complexidade humana. Cf. Francisco Varela, Evan Thompson e Eleanor Rosch, *A mente incorporada: ciências cognitivas e experiência humana*, trad. Maria Rita Secco Hofmeister, Porto Alegre: Artmed, 2003. [N.T.]

[50] A descrição dos turbilhões de Bénard feita por Ilya Prigogine é aparentemente simples. Quando se aquece uma camada líquida por baixo, o sistema se afasta do equilíbrio correspondente à manutenção de uma temperatura uniforme na camada. Para Edgar Morin, esse princípio tem grande importância física e cósmica e constitui um dos argumentos centrais do pensamento complexo. Desvios, perturbações, dissipações podem provocar a estrutura, a organização e a ordem, gerando inesperadas reorganizações. Cf. os capítulos "I – A invasão das desordens" e "II – Da gênese ao tetrálogo", da primeira parte de *O Método 1*, "A ordem, a desordem e a organização". [Ed. bras.: *O Método 1, A natureza da natureza*, trad. Ilana Heineberg, Porto Alegre: Sulina, 2016.] [N.T.]

[51] Ilya Prigogine (1917-2003), Prêmio Nobel de Química em 1977, é considerado o poeta da termodinâmica. Em seus livros, sempre apostou no reencantamento da ciência, em uma nova aliança entre as culturas científicas e humanistas. Para uma visão ampla de suas ideias, cf. Ilya Prigogine, *Ciência, razão e paixão*, 2. ed. rev. ampl., trad. Edgard de Assis Carvalho *et al.*, São Paulo: Livraria da Física, 2009. [N.T.]

dentro de certos limites, a desordem calorífica podia produzir condições nas quais apareciam formas organizadas (como no caso dos turbilhões).

Erwin Schrödinger[52], por sua vez, em seu livro *O que é vida?*, havia tratado do seguinte paradoxo: em vez de obedecer ao segundo princípio da termodinâmica que deveria desintegrá-la, por que razão a organização viva mantém sua estabilidade e, até mesmo, se desenvolve. Como o sistema vivo é aberto, sua organização se regenera incessantemente, alimentando-se de energia e de informação. Posteriormente, formulei a ideia de que o sistema vivo é, ao mesmo tempo, aberto (Ludwig von Bertalanffy[53]) e fechado (Humberto Maturana, Francisco Varela).

2. O mundo vivo

Eu dispunha não apenas da obra dos biólogos do Instituto Salk, entre os quais Jacques Monod e Leslie Orgel, como também das ideias de eco-organização, de organização neguentrópica (Schrödinger) e da termodinâmica prigoginiana. Heinz von Foerster, Günther Anders, Humberto Maturana e Francisco Varela haviam destacado as consequências da revolução biológica de Francis Crick e James Watson: "Os sistemas vivos são também sistemas cognitivos" (computam, memorizam, engramam[54] e comunicam[55]).

Reforcei minha convicção de que era necessário parar de separar o homem biológico do homem cultural, o cérebro da mente. Para que isso fosse possível, era necessário *explodir o biologismo e o cibernetismo* em uma concepção de auto-organização, que também deveria explodir para se dispersar por meio da autoecorreorganização. O projeto de uma bioantropologia se consolidaria após meu retorno a Paris, em 1972.

---

[52] Erwin Schrödinger, *Qu'est-ce que la vie: de la physique à la biologie*, Paris: Seuil, 1993. [Ed. bras.: *O que é vida? O aspecto físico da célula viva*, trad. Jesus de Paula Assis, Vera Y. K. de Paula Assis, São Paulo: Unesp, 1997.]

[53] Ludwig von Bertalanffy (1901-1972), biólogo, foi um dos fundadores da teoria geral dos sistemas. [N.T.]

[54] Na linguagem da neuropsicologia, o engrama é um traço ou marca comportamental decorrente de uma experiência física. [N.T.]

[55] As bactérias comunicam-se entre si.

3. A transdisciplinaridade

A noção de sistema ou de organização é pertinente para todos os sistemas físicos, vivos e humanos (de acordo com os modos de organização e com os diferentes níveis de complexidade), sendo, por isso, transdisciplinar. A cibernética não está limitada às máquinas, ela se aplica a qualquer forma de organização, independentemente da natureza dos elementos que a constituem; ela é, pois, transdisciplinar. A complexidade de qualquer organização (emergências e constrições) e as interações ordem/desordem/organização são, igualmente, transdisciplinares.

Em suma, tudo o que emanava dessas novas formas de conhecimento me obrigava a romper com as disjunções e compartimentalizações e me inspirava um pensamento transdisciplinar.

4. O conhecimento

Esses três eixos convergiam como afluentes na direção de um rio e desembocavam no problema-chave do conhecimento, que passou a ser o eixo central de minha preocupação. Eles renovavam o problema que eu já percebia como fundamental e que, depois da publicação de *Autocrítica*, se tornou virulento: o problema do conhecimento pertinente. Eu descobri que o conhecimento pertinente é o conhecimento complexo, que sabe religar seus elementos, ou seus processadores, entrelaçando-os em uma trama comum. A noção de complexidade começou a tomar forma em mim, ao mesmo tempo como obstáculo e como via de elucidação. Extremamente difundida, a palavra "complexidade" trai uma lacuna cognitiva na linguagem cotidiana: a incapacidade de definir ou de descrever um fenômeno ou um problema. Era necessário, portanto, conceber um modo de pensar capaz de descrever e definir as complexidades observadas. De fato, o vocábulo "complexidade" veio a iluminar retrospectivamente a minha maneira de pensar, que já procurava ligar conhecimentos dispersos, enfrentava as contradições em vez de se desviar delas e se esforçava para ultrapassar a alternativa entre as opções consideradas inconciliáveis.

Descobri uma nova fonte de erro e de ilusão: a disjunção entre os conhecimentos e a redução do complexo ao simples, do compósito a seus elementos. Tudo isso se somava ao problema do erro e da ilusão, algo prioritário para mim depois de todas as experiências que vivera. Doravante, não se tratava mais de me confrontar apenas com os erros de fato (de ignorância) e de pensamento (dogmatismo), mas com o erro de um pensamento fragmentado e, portanto, parcial; com o erro do pensamento binário, que não admite senão a alternativa ou/ou, revelando-se incapaz de combinar a conjunção e/e; com o erro do pensamento linear, inapto para conceber a retroação ou a recursão; e, mais profundamente, com o erro do pensamento redutor e do pensamento disjuntivo, que, cegos a qualquer complexidade, se tornam ameaças permanentes a qualquer esforço de conhecimento.

A partir de todas as aquisições dos anos 1969-1970 e sob o efeito de uma pressão interior incoercível, dei a mim mesmo a missão de elaborar os princípios de um conhecimento complexo de alcance universal que implicasse o respeito às diversidades.

Tratava-se, inicialmente, de desenvolver um conhecimento científico capaz de renovar a natureza desse próprio conhecimento científico.

Tratava-se, ainda mais, do conhecimento de cada um e de todos. Eu sabia muito bem que a redução e a disjunção contribuíam para esse tipo de erro – a parcialidade do conhecimento, a qual toma uma parte pelo todo – e que elas se combinam a todos os tipos de erro e de ilusão que eu havia encontrado em minha própria aventura de vida.

Minha pesquisa visava também qualquer tipo de conhecimento, o conhecimento de qualquer pessoa, de qualquer grupo. Ela dizia respeito a questões vitais para todos, uma vez que o erro e a ilusão podem ser fonte de perigos mortais.

Embora eu não pensasse em nenhuma metodologia, a palavra "método" se impôs num ímpeto à minha mente. Sua evidência me apareceu como que para me fazer compreender que método seria o resultado final de meu caminho, e não o princípio essencial aplicável ao meu trabalho. ("Os métodos sempre chegam ao fim", afirmava Nietzsche). A palavra grega *methodos* reúne *mètis* (ardil, astúcia) e *odos* (caminho) para significar a "busca por um caminho", o que me indicava que era preciso caminhar longa e arduamente para conseguir conceber os modos de exercício de um pensamento capaz de lidar com as complexidades.

A elaboração de *O Método*

Durante a elaboração de *O Método*, tendo como base minhas novas e antigas experiências, eu me propunha finalmente a responder ao questionamento de Kant.

Entretanto, tal projeto teve de fazer um desvio. De fato, desde meu retorno à França, estimulados por Jacques Monod e com a adesão de Philippe Daudy, que nos abriu a Abadia de Royaumont, alguns de nós se aventuraram em criar o Centro Royaumont para uma Ciência do Homem, a primeira grande iniciativa na França que se empenhou em ligar o homem biofísico e o homem psicocultural. Em 1972, graças a Jacques Monod, encontramos os subsídios necessários para organizar um colóquio internacional denominado "A unidade do homem"[56], realizado na própria Abadia de Royaumont. Para essa ocasião, redigi um ensaio intitulado "Le Paradigme perdu: la nature humaine" [O paradigma perdido: a natureza humana], e Serge Moscovici sugeriu que eu escrevesse um livro a partir dessa intervenção. Foi o que eu fiz: *Le Paradigme perdu* [publicado no Brasil como *O enigma do homem*][57], de 1973, constituiu, na verdade, um ramo prematuro de *O Método*.

Ainda que, desde os anos 1950-1960, novos saberes fundamentais sobre as sociedades dos primatas, sobre as capacidades cognitivas dos chimpanzés, sobre a pré-história humana, sobre as sociedades arcaicas tivessem sido desenvolvidos, eles permaneciam dispersos e compartimentados; ainda que as ideias de auto-organização já tivessem sido formuladas, elas continuavam ignoradas. Enquanto isso, eu religava esses conhecimentos que reduziam o fosso entre animalidade e humanidade, natureza e cultura[58]. Eu revelava a relação indissolúvel e complexa entre esses termos. Fiz que esses conhecimentos não comunicantes se comunicassem e tentava integrá-los em uma concepção de ser humano que não fosse mais mutilada. Redigi esse livro facilmente ao lado de amigos queridos e em paisagens mediterrâneas de felicidade.

---

[56] Edgar Morin e Massimo Piattelli-Palmarini, *L'Unité de l'homme*, 3 v., Paris: Seuil, 1974. [Ed. bras.: Centro Royaumont para uma ciência do homem, *A unidade do homem*, 3 v., trad. Heloysa de Lima Dantas, São Paulo: Cutrix/Edusp, 1978.]

[57] Edgar Morin, *Le Paradigme perdu: la nature humaine*, Paris: Seuil, 1973. [Ed. bras.: *O enigma do homem: para uma nova antropologia*, trad. Fernando de Castro Ferro, Rio de Janeiro: Zahar, 1975.]

[58] A partir das descobertas de Louis Leakey, a pré-história humana começou a retornar a um passado longínquo e indicou que um longo processo de hominização conduziu ao *Homo sapiens*. Desde que Allen e Beatrix Gardner conseguiram que seu jovem chimpanzé se comunicasse por meio da língua de sinais, o fosso entre macacos e humanos diminuiu consideravelmente. Jane Goodall também mostrou as complexidades das relações entre os chimpanzés.

Em setembro de 1973, um trimestre letivo na Universidade de Nova York me deu as condições necessárias para empreender a redação da introdução geral de *O Método*. Do apartamento que eu ocupava, no coração de Greenwich Village, no vigésimo andar de um edifício em Bleecker Street, eu via a confluência dos rios Hudson e East, ao longe, a Estátua da Liberdade e, no céu, o cortejo dos aviões que se preparavam para descer no aeroporto. Meu quarto era voltado para o leste e, a cada manhã, o nascer do sol vinha me acordar e me expulsar para fora da cama. Eu escrevia em estado de extrema alegria, envolvido pela música que tocava no rádio sempre ligado, ao som de ritmos que, por vezes, me faziam levantar da cadeira e dançar.

Essa introdução geral era como o germe que continha virtualmente a totalidade da obra, embora eu não tenha tomado consciência disso senão retrospectivamente. Minha previsão era escrever um único volume composto de quatro partes: 1. "A natureza da natureza"; 2. "A vida da vida"; 3. "O devir do devir"; 4. "O conhecimento do conhecimento". Eu acreditava que precisaria de dois ou três anos para terminar a redação. Mas, quando voltei a Paris depois da temporada em Nova York, senti-me paralisado, preso a uma vida cotidiana na qual a sequência de encontros e obrigações, dos quais eu não podia me livrar, me privavam da energia necessária para prosseguir minha empreitada.

No prefácio da edição em dois volumes de *O Método*[59], impressa em papel-bíblia, relatei a sequência de acontecimentos que, a partir do milagre de um encontro providencial, me conduziram até um castelo em ruínas sobre uma colina que dominava a pequena cidade de Bolgheri, na região dos Alpes Marítimos da Toscana, onde, durante alguns meses de extrema felicidade entre 1975 e 1976, inspirado por uma fé proveniente dos recantos mais profundos do meu ser, eu consegui redigir, num ritmo alucinado, de manhã até tarde da noite, a síntese de um primeiro esboço dessa obra.

Meu projeto deixava meus amigos perplexos. Os que achavam que eu era sociólogo não podiam compreender por qual razão eu cruzava os limites de minha suposta disciplina e, sobretudo, por que me envolvia em problemas do mundo físico. Depois, acharam que o que eu fazia era uma obra de vulgarização, um trabalho de jornalista. Era evidente que minha empreitada, que desobedecia a todas as normas vigentes, não podia ser

---

[59] "Mission impossible", *La Méthode*, v. 1, coleção "Opus", Paris: Seuil, 2008, pp. 7-23.

algo "sério". Em certo sentido, a missão era impossível, mas, parafrasean do a célebre frase de Mark Twain, sem saber que ela era impossível, eu a realizei... Evidentemente, precisei de 35 anos...

Certos autores partem de um plano preciso e intangível. Eu parti de um andaime impreciso e provisório. Comecei de uma nebulosa espiralada que, pouco a pouco, ganhava forma e se cristalizava após inúmeras revisões e transformações. Na época, eu não dispunha de um computador; redigia um rascunho com base em anotações classificadas, depois datilografava tudo na minha máquina de escrever Olivetti, revisava o texto datilografado, remanejava, recortava certas passagens com a tesoura, para depois colá-las em outro lugar (a técnica ancestral do copiar/colar). Precisava de pelo menos três versões datilografadas sucessivas, versões que eu rasurava e modificava à mão. Enquanto redigia, minha mente continuava em plena gestação; à medida que as ideias se refinavam, meus planos mudavam, e eu acrescentava ou suprimia trechos ao sabor das circunstâncias e das restrições da arquitetura do texto. Ao longo da construção, uma ideia nova se insinuava na periferia de um desenvolvimento, e a necessidade de seu desdobramento se fazia tão grande que, às vezes, ela chegava a ocupar até mesmo o ponto central de meu propósito, como ocorreu com a noção de sujeito durante a preparação de *A vida da vida*, fato que me obrigou a reorganizar a obra. Somente depois de doze anos do início da redação do texto, comecei a usar o computador, o que me economizou um imenso e fatigante trabalho.

Os desencorajamentos e entusiasmos que senti eram iguais aos da parturiente que passa por grandes tormentos e por grandes alegrias. Eu estava literalmente possuído por uma força irresistível, como a força que impele a aranha a secretar de suas vísceras o fio com o qual irá tecer sua teia.

O trabalho se tornou imenso, por isso desisti de publicá-lo em um só volume. Resignei-me em condensar a primeira parte e transformá-la no primeiro volume do conjunto, *A natureza da natureza*. Foi ainda necessário remanejar três vezes o manuscrito, ajudado pelas críticas de diferentes leitores, dentre os quais, *in extremis*, o matemático Bernard Victorri[60], cujos comentários me convenceram a reestruturar integralmente a terceira parte. Foi ao pé da montanha Sainte-Victoire, na casa de

---

[60] Pesquisador do CNRS, vinculado ao Laboratório de Línguas, Textos, Tratamentos Informáticos e Cognição (Lattice) da École Normale Supérieure (Escola Normal Superior, ENS). Seus principais temas de pesquisa são a modelização em semântica, as redes conexionistas, a linguagem e a cognição e as variadas polissemias que envolvem as dinâmicas de sentido do *Homo narrans*. [N.T.]

meus amigos Charles e Jocelyne Nughe, que terminei a primeira parte da obra, inspirado "pela energia emanada daquela montanha de pedra, que eu contemplava toda vez que levantava os olhos da minha redação"[61].

Enquanto eu remanejava esse primeiro volume, já havia redigido o primeiro esboço dos seguintes, razão pela qual a quarta capa resumia o espírito geral do que seria o conjunto: "Precisamos de um método de conhecimento que traduza a complexidade do real, que reconheça a existência dos seres, que se aproxime do mistério das coisas". Eu postulava "que o problema do conhecimento da natureza não se dissociava da natureza do conhecimento. Todo objeto deve ser concebido em sua relação com um sujeito cognoscente, ele próprio enraizado numa cultura, numa sociedade, numa história"[62].

A natureza da natureza foi publicado pela Seuil, em 1977. A conjuntura intelectual foi favorável ao livro. O estruturalismo estava em declínio e o marxismo, que sofria os efeitos da desintegração do mito comunista na União Soviética, na China (com o grotesco episódio da "camarilha dos quatro"[63]), no Camboja (submetido ao delírio de Pol Pot) e no Vietnã (que, de oprimido, passou a opressor), entrava em colapso total. Esse eclipse deixou uma espécie de vazio intelectual que não tardou a ser preenchido, mas que permitiu que meu livro chamasse a atenção em 1977. Como pude constatar em outras ocasiões, minhas ideias só despertam interesse em períodos de crise.

Graças a esse livro também encontrei meus primeiros companheiros de aventura, principalmente Jean-Louis Le Moigne, Mauro Ceruti, Gianluca Bocchi e Sergio Manghi.

Posteriormente, separei a segunda e a terceira partes em volumes diferentes; a preparação de cada um deles ocupou um, dois ou três anos de trabalho. No intervalo entre eles, precisei de tempo para respirar, a fim de dar prosseguimento ao que se havia transformado em uma jornada de grande fôlego. *A vida da vida*, que terminei de escrever na Toscana, foi publicado em 1980, sem obter a mesma recepção que o volume anterior.

---

[61] "Mission impossible", *La Méthode*, v. 1, coleção "Opus", Paris: Seuil, 2008, p. 13.

[62] *Ibidem.*

[63] A "camarilha dos quatro" foi um grupo de membros do Partido Comunista chinês que controlou órgãos de poder do partido no final da Revolução Cultural. [N.E.]

No transcorrer da aventura, meu propósito passou do conhecimento complexo ao pensamento complexo, o pensamento entendido como o que organiza os conhecimentos em teorias e as submete à reflexão. O pensamento complexo me levava a conceber que o modo de conhecimento dominante era comandado por um paradigma (princípio que comanda a organização do conhecimento) que impunha a disjunção e a redução, impedindo que se apreendesse a complexidade do real. Eu percebia cada vez melhor a necessidade de um paradigma de conjunção e de distinção. Nesse ponto, minha aventura se deparava com seu nó górdio: o conhecimento do conhecimento.

O propósito do terceiro volume foi claramente afirmado. "É preciso tentar conhecer o conhecimento, se quisermos conhecer as fontes de nossos erros ou ilusões. O conhecimento é, todavia, o objeto mais incerto do conhecimento filosófico e o objeto menos conhecido do conhecimento científico". A princípio, *O conhecimento do conhecimento* deveria conter quatro partes. Tendo como base as características e possibilidades próprias da mente/cérebro humano, a primeira parte se defrontava com uma dupla questão: O que é um cérebro que pode produzir uma mente que o conhece? O que é uma mente que pode conceber um cérebro que a produz[64]? A segunda parte fazia uma análise do conhecimento do ponto de vista cultural e social (ecologia das ideias). A terceira observava a ação sob a óptica da autonomia/dependência do mundo das ideias (noosfera). Por fim, a quarta abordava o problema sob a perspectiva da organização das ideias (noologia). Ao isolar a primeira parte no terceiro volume e redistribuir as três seguintes no quarto, eu, na realidade, dividi em dois o que constituía a pedra angular de *O Método* como um todo: *O conhecimento do conhecimento* foi publicado em 1986, e *As ideias*, em 1991.

No começo da elaboração de *O Método*, eu não havia imaginado um volume sobre *A humanidade da humanidade*, por considerar que já havia tratado do tema em *O enigma do homem*. No entanto, à medida que minhas ideias antropológicas se aprofundavam e se enriqueciam, no decorrer dos anos 1960, senti a necessidade de repensar essa questão. Além do mais, pareceu-me útil terminar *O Método* com um retorno à antropologia, que jamais deixou de estar no cerne de minhas preocupações. Retomei, então, o trabalho. Terminei de escrever esse volume em Sitges, na costa catalã. O apartamento na encosta de uma colina e de frente para o mar, onde fui hospedado por meu amigo Maurice Botton, me permitiu

---

[64] A relação em circuito cérebro-mente-cultura.

recuperar o ritmo de vida e o bem-estar mediterrâneo que eu havia vivenciado no início de meu trabalho. *A humanidade da humanidade* foi publicado em 2001.

O projeto de *Ética* decorreu desse quinto volume e foi seu complemento lógico. Isso, sobretudo, porque a ação de repensar sobre *O Método*, que me exigiu a recomposição de seu plano geral, induziu naturalmente à concepção de uma ética complexa, capaz de incluir as incertezas e as contradições que atuam em seu interior. Foi em Hodenc-l'Évêque, na Picardia, que me dediquei, de janeiro a maio de 2004, à redação desse último volume. Em um contexto dramático, ligado à deterioração da saúde de minha companheira, minhas condições de trabalho eram completamente diferentes das que haviam caracterizado a redação do volume precedente. Apesar disso, *Ética* foi publicado em novembro de 2004, coroando uma obra cuja edificação durou mais de trinta anos.

Indubitavelmente, eu não poderia ter concluído essa tarefa sem a liberdade concedida pelo CNRS, uma instituição que, além me incluir no quadro de disciplinas do ensino da sociologia, me dava liberdade para empreender minha viagem transdisciplinar.

Fui acompanhado pelas ideias de um recluso Gaston Richard[65], hoje falecido, nos dois primeiros volumes dessa aventura, e por Jean Tellez, sem o qual os dois últimos volumes não poderiam ter adquirido sua forma definitiva. O apoio de Jean-Louis Le Moigne[66] foi sempre constante, desde o primeiro volume. Para mim, a *religação* não constituiu apenas uma maneira de conhecer e pensar; ela foi o alimento vital de amor e de amizade que me deu força e coragem.

O tempo formou e transformou minha obra, e também me formou e me transformou. A obra me impôs sua lógica de vida, que me impôs *meu percurso de vida*, que, por sua vez, me impôs a vida da obra.

---

[65] Gaston Richard (1860-1945) foi sociólogo e membro da École Normale Supérieure (ENS). [N.T.]
[66] Os estudos de Jean-Louis Le Moigne (1931-) sobre a modelização da complexidade são fundamentais para o mundo atual das organizações complexas. [N.T.]

4

A baniana

A baniana é uma árvore cujos galhos e ramos, ao caírem sobre a terra, criam raízes, que transformam os galhos em novos troncos. Escolhi essa árvore como símbolo do ciclo recursivo característico de inúmeros processos complexos, nos quais os produtos tornam-se produtores daquilo que os produz.

Ela representa a imagem das sucessivas ramificações de *O Método*, que se enraizaram e deram origem a novas arborescências distintas, mas ao mesmo tempo inseparáveis do tronco que as gerou.

Os livros que elaborei paralelamente a *O Método* eram, eles próprios, exercícios do pensamento complexo que, alimentados por *O Método*, reciprocamente o alimentaram...

De início, escrevi dois livros que foram como rebentos originados desse tronco: *Ciência com consciência*[67], publicado em 1982, e *Introdução ao pensamento complexo*, em 1990. A eles se soma a primeira parte de meu livro *Sociologia*[68], de 1984, que apresenta uma teoria da sociedade a partir da noção de auto-organização.

---

[67] Edgar Morin, *Science avec conscience*, Paris: Fayard, 1982. [Ed. bras.: *Ciência com consciência*, trad. Maria D. Alexandre, Maria Alice Sampaio Dória, 13. ed, Rio de Janeiro: Bertrand Brasil, 2010.]
[68] Edgar Morin, *Sociologie*, Paris: Fayard, 1984. [Ed. port.: *Sociologia*, trad. Maria Gabriela de Bragança, Mem Martins: Europa-América, 1985.]

O autoconhecimento

Eu já estava familiarizado com a ideia de auto-organização desde as leituras de Montaigne, mas a aplicava apenas esporadicamente. Aprendi com Georges Lefebvre, que havia sido meu professor na Sorbonne, a ideia de integração do observador na observação: ele ensinava que os historiadores da Revolução Francesa haviam projetado a experiência de seu presente no passado do acontecimento. Para compreender a história, todo historiador devia se auto-historicizar. Ao elaborar *O Método*, foi-me fácil generalizar essa ideia e afirmar que todo observador deveria se integrar em sua observação e que todo ator social deveria se observar em sua ação.

Em *Autocrítica*, eu quis fazer um autoexame profundo e compreender as motivações que me conduziram à conversão e, depois, à desconversão, ao comunismo. Na primeira página do prefácio, eu indicava o risco tão comum da autotranscedência: "Qualquer um que escreve acredita ser uma espécie de sol. Julga os vivos e os mortos como se fosse o próprio deus Amon-Rá. Será que eu mesmo seria capaz de romper o círculo ptolomaico que cada um de nós constitui ao redor da própria mente?".

Mais tarde, no "pós-prefácio" de *Le Vif du sujet* [publicado no Brasil como *X da questão – o sujeito à flor da pele*], escrevi: "O que caracteriza continuamente este ensaio é a obsessão da relação entre o subjetivo e o objetivo, ou melhor, a luta permanente contra a máscara da pseudo-objetividade". Como os acontecimentos da vida cotidiana se alternavam com o trabalho reflexivo, "eu não apaguei esses pequenos defeitos, essas pequenas mesquinharias, esses pequenos impudores". Em última instância, eu me perguntava: "Quem sou eu?". Passei a considerar minha identidade como una e múltipla, una porque me defino substantivamente como um ser humano, ou melhor, como um homem qualquer que carrega em si as contradições essenciais da condição humana, e, adjetivamente, como francês, mediterrâneo (ainda não europeu), com raízes espanhola, italiana e judaica. A respeito desse último ponto, mantendo total fidelidade à minha família (após a morte de meu pai, escrevi um livro em homenagem a ele e a seus antepassados: *Vidal e os seus*)[69], sempre reconheci que fazia parte do povo maldito, mas jamais do povo eleito, e adoro me considerar filho espiritual desses judeus marranos, como Montaigne e Espinosa. Gostaria muito que

---

[69] Edgar Morin, *Vidal et les siens*, Paris: Seuil, 1989. [Ed. port.: *Vidal e os seus*, trad. Armando Pereira da Silva, Lisboa: Instituto Piaget, 1994.]

minha voz fosse como um eco da Voz impessoal que impulsiona o ser humano a prosseguir.

Foi em *O Método* que a ideia de que o observador/criador deve ser incluído na observação e na concepção tornou-se capital. O conhecimento requer o autoconhecimento; o autoconhecimento do ser humano requer não apenas o conhecimento da complexidade humana, como mostrei em *A humanidade da humanidade*, mas igualmente o conhecimento individual de sua complexidade pessoal, o que pressupõe uma luta permanente contra o autoengano, a mentira para si mesmo, que sempre renasce em cada um, assim como pressupõe o reconhecimento de suas próprias fraquezas e carências, uma das condições para a compreensão dos outros.

Escrevi *Meus demônios*[70] em 1993, ao mesmo tempo que redigia *O Método*, a fim de ter uma consciência mais nítida do que comandava meus pensamentos e meu modo de conceber o mundo.

Eu pretendia escrever um livro intitulado *Eu não sou um de vocês*, para me diferenciar das castas do mundo universitário e intelectual ao qual me considero excessivamente assimilado. Depois desisti de querer me definir por oposição aos outros, preferi me reconhecer muito mais por minhas ideias-força, que denominei meus "demônios", entidades espirituais, simultaneamente interiores e superiores ao nosso ser, às quais obedecemos sem saber. Ainda mais uma vez, aos 73 anos, senti a necessidade de saber como e por que creio no que creio e penso da maneira como penso. No fim do livro, tentei reconhecer a que erros meus demônios me conduziram e a que verdades permaneço fiel. O último capítulo, denominado "Autoética", é concluído com dois imperativos: "Resistir ao que separa, ao que afasta, ao que desintegra, mesmo sabendo que a separação, o afastamento, a desintegração acabarão ganhando..." e "Resistir à crueldade do mundo". Esse final continha o germe do sexto volume de *O Método*: a *Ética*.

A reforma do pensamento e a reforma do ensino

Após a publicação de *As ideias*, eu tinha a impressão de que *O Método* culminaria naturalmente em uma profunda reforma do conhecimento e do

---

[70] Edgar Morin, *Mes Démons*, Paris: Stock, 1994. [Ed. bras.: *Meus demônios*, 3. ed., trad. Leneide Duarte, Clarisse Meireles, Rio de Janeiro: Bertrand Brasil, 2002.]

pensamento, que, para se concretizar, precisava reformar os programas e os métodos de ensino. Uma vez terminada minha vasta obra, eu tinha a intenção de escrever, então, um "Manual para estudantes, professores e cidadãos". Eu queria me dirigir não apenas aos educadores mas a todos e a cada um, como o fiz em *O Método*. Imaginava que o manual teria ilustrações, exemplos, exercícios práticos, temas de dissertação etc. Para isso, eu já contava com o assentimento da Seuil, editora de *O Método*.

De repente, em 1997, Claude Allègre, então ministro da Educação da França, convidou-me para presidir uma comissão destinada à reforma dos conteúdos do ensino secundário[71].

Essa missão era muito importante para mim: o colégio e o liceu correspondem à idade plástica da adolescência, na qual um pensamento e uma concepção de mundo se formam. Nessa etapa, é necessário introduzir os temas fundamentais e globais que toda vida humana enfrenta. Esses temas precisam reunir e articular as disciplinas entre elas. Requerem um modo mais complexo de conhecer e pensar. E isso deveria promover uma reforma. Enquanto não religarmos os conhecimentos segundo os princípios do conhecimento complexo, permaneceremos incapazes de conhecer a trama comum das coisas e das ações: não veremos senão os fios separados de uma tapeçaria. Uma tapeçaria é constituída de muitas cores e materiais – seda, lã, algodão. Se só conhecemos os fios individualmente, mesmo que identifiquemos perfeitamente cada um deles, jamais conheceremos a imagem da tapeçaria. É preciso conhecer não só a constituição dos fios mas também os processos de composição e a imagem do conjunto.

A comissão nomeada pelo ministro era composta de quarenta membros, dos quais pude escolher apenas quatro ou cinco. Os demais, que não tinham nenhuma visão reformadora do todo, insistiam em manter a primazia de sua própria disciplina. Propus, então, a organização de oito jornadas temáticas dedicadas a religar os conhecimentos, o que provocou espanto e ceticismo. Felizmente, Didier Dacunha-Castelle, representante do ministro e membro do seu próprio gabinete, apoiou minha proposta.

Como me disponibilizaram algumas salas na Escola Politécnica, pude recrutar Christiane Peyron-Bonjan, Nelson Vallejo-Gómez e Alfredo

---

[71] No sistema educacional francês, o ensino secundário corresponde aos anos finais do Ensino Fundamental e ao Ensino Médio. Lá, estes ciclos são denominados *collège* (colégio) e *lycée* (liceu), respectivamente. [N.E.]

Pena-Vega. Preparei essas jornadas temáticas com a colaboração de pesquisadores e professores cuja competência eu apreciava. A primeira jornada foi dedicada ao Universo; a segunda, à Terra; as seguintes, à Vida; à Humanidade; à História; às Línguas, civilizações e artes; às Culturas adolescentes; e a oitava, ao tema "Religar os conhecimentos". Ao longo do encontro, eu fazia a ligação entre as comunicações e entre as jornadas.

Os professores do secundário foram convidados, mas apenas algumas poucas dezenas deles compareceram. O sindicato dos professores espalhou dois rumores: primeiro, que eu estava a serviço do ministro Claude Allègre; segundo, que era ele quem estava sob minhas ordens. Em Lyon, o ministro organizou uma cerimônia de encerramento, na qual relatei minhas propostas: nenhuma delas foi levada em consideração.

Esse fracasso serviu de estímulo para que eu expusesse minhas ideias reformadoras no livro *A cabeça bem-feita*[72]. Publiquei igualmente as conferências das oito jornadas temáticas sob o título *Religar os conhecimentos*[73].

Quando essas duas obras foram publicadas, em 1999, o diretor do Departamento de Pesquisa e Prospectiva em Educação (Education Research and Foresight, ERF) da Unesco, Gustavo Lopez Ospina, pediu que eu escrevesse um texto de abrangência universal, a fim de introduzir nos programas das escolas e das universidades o conhecimento de problemas fundamentais, completamente ignorados nessas instituições. Na ocasião, desenvolvi sete temas, em minha opinião indispensáveis, que deveriam ser introduzidos com prioridade em todos os níveis do ensino: os riscos dos erros e das ilusões, o conhecimento pertinente, a identidade humana, a era planetária, o enfrentamento das incertezas, a compreensão humana e a ética da humanidade. Com o título de *Os sete saberes necessários à educação do futuro*[74], esse texto foi publicado e traduzido em várias línguas.

---

[72] Edgar Morin, *La Tête bien faite*, Paris: Seuil, 1999. [Ed. bras.: *A cabeça bem-feita: repensar a reforma, reformar o pensamento*, 17. ed., trad. Eloá Jacobina, Rio de Janeiro: Bertrand Brasil, 2010.]
[73] Edgar Morin, *Relier les Connaissances. Le Défi du XXIᵉ siècle – Journées Thématiques conçues et animées par Edgar Morin*, Paris: Seuil, 1999. [Ed. bras.: *A religação dos saberes. O desafio do século XXI – Jornadas temáticas idealizadas e dirigidas por Edgar Morin*, trad. Flávia Nascimento, Rio de Janeiro: Bertrand Brasil, 2001.]
[74] Edgar Morin, *Les Sept Savoirs nécessaires à l'éducation du futur*, Paris: Seuil, 2000. [Ed. bras.: *Os sete saberes necessários à educação do futuro*, 2. ed., trad. Catarina E. F. da Silva, Jeanne Sawaya, São Paulo: Cortez; Brasília: Unesco, 2000.]

Em 2014, estimulado por Jérôme Saltet, escrevi um quarto livro pedagógico, *Ensinar a viver*[75]. Em *Emílio*[76], pensando em um aluno que ele pretendia ensinar, Jean-Jacques Rousseau resumiu sua concepção de educação no seguinte projeto: "Viver é o ofício que quero lhe ensinar"[77]. Podemos achar essa ambição excessiva, pois o máximo que se consegue é guiar alguém nessa aprendizagem. Se a ajuda dos outros, sobretudo dos pais e dos educadores, é um acompanhamento precioso em tal aventura, é através das próprias experiências e das lições obtidas com elas, e também por meio de livros, jogos e poesia, que cada um pode aprender a viver. Ainda é preciso chegar a um consenso sobre o sentido do verbo viver. Sobreviver não é viver. Viver é poder expressar sua própria personalidade, realizar suas aspirações, florescer como sujeito. Contudo esse *eu* só pode florescer inserido em um *nós*, em uma comunidade de amor, de amizade, de compreensão. Se algum ensinamento particular é incapaz de transmitir essa mensagem vital, todos os professores, se estiverem conscientes dessa missão comum, podem contribuir com ela. Sem dúvida alguma, o florescimento do *eu* em um *nós* requer certas condições familiares, sociais, econômicas e históricas, e sabemos muito bem como é grande o número de pessoas que se empenham apenas em sobreviver e, por isso, raramente experimentam momentos de uma verdadeira vida: quantos destinos não são aniquilados ainda no estágio embrionário, quantas aspirações não podem se realizar...? O ensino deve desenvolver a consciência forte e permanente do caráter antropológico dessa aspiração, que pode ser encontrada em todos os séculos, em todas as sociedades, em toda as gerações. A idade adolescente, precisamente a dos estudos do ensino médio, é um período no qual a aspiração à "verdadeira vida" é sentida com muita intensidade.

Já me referi ao fato de que a internet, essa gigantesca enciclopédia de todos os assuntos, não tem a vocação de eliminar o papel do professor, mas sim de transformá-lo no maestro de orquestra que sugere perspectivas, critica, organiza os conhecimentos que os alunos encontram no Google, na Wikipédia ou em outras fontes. Quem mais, além desse maestro, poderia ensinar concretamente, em um diálogo permanente com o

---

[75] Edgar Morin, *Enseigner à Vivre: Manifeste pour changer l'éducation*, Paris: Play Bac; Arles: Actes Sud, 2014. [Ed. bras.: *Ensinar a viver: manifesto para mudar a educação*, trad. Edgard de Assis Carvalho, Mariza Perassi Bosco, Porto Alegre: Sulina, 2015.]

[76] Considerado o primeiro tratado de filosofia da educação, o livro *Emílio* divide-se em cinco partes, as três primeiras dedicadas à infância de Emílio, a quarta à sua adolescência, a quinta à educação de Sofia, mulher ideal e sua futura esposa, e à vida doméstica, inclusive à formação política. [N.T.]

[77] Ed. bras.: Jean-Jacques Rousseau, *Emílio ou Da educação*, trad. Roberto Leal Ferreira, São Paulo: Martins Fontes, 2004.

aluno, as armadilhas do erro, da ilusão e do conhecimento redutor ou mutilado? Quem, melhor do que ele, desde que haja uma troca compreensiva, poderia ensinar a compreensão humana? Quem mais, por meio de encorajamento e estímulo, poderia fazer surgir concretamente a força para enfrentar as incertezas? Quem mais, se seu humanismo for mesmo ativo, seria capaz de incentivar a humanidade em alguém? Esse livro situa a crise da educação em uma crise mais global de sociedade e de civilização. Certamente, a educação não poderia superar sozinha a crise global. A reforma do conhecimento e do pensamento depende da reforma da educação, que depende da reforma do conhecimento e do pensamento. A regeneração da educação depende da regeneração da compreensão, que depende da regeneração do eros educador, que depende da regeneração das relações humanas, que, por sua vez, dependem da reforma da educação. Todas as reformas são interdependentes, o que pode parecer um círculo vicioso desencorajador. Entretanto esse deve ser um círculo virtuoso que encoraje a conjugação das duas modalidades do saber-viver:

- a que ajuda a se enganar menos, a compreender melhor, a enfrentar a incerteza, a conhecer a condição humana para melhor se conhecer, a conhecer nosso mundo globalizado para melhor se situar nele, a beber das fontes antropológicas de toda moral, que são a solidariedade e a responsabilidade;

- a que ajuda a se orientar, a se autoconstruir e a se defender em nossa civilização, a reconhecer nela a parte submersa que, como a do *iceberg*, é mais importante do que a parte emersa.

Minhas ideias sobre a educação proliferaram primeiramente em Portugal, no Instituto Piaget, depois na Espanha, na Itália e na América Latina[78].

[78] Posso citar o Grupo de Estudos da Complexidade (Grecom) da Universidade Federal do Rio Grande do Norte, criado e dirigido por Ceiça Almeida; o Instituto de Estudos da Complexidade (IEC), presidido por Tereza Mendonça Estarque, no Rio de Janeiro; o Observatório Nacional da Alfabetização e da Complexidade Educativa (Onace), em Recife, Pernambuco; o congresso internacional organizado em Fortaleza por Maria Cândida Moraes, da Universidade Católica de Brasília, por ocasião do décimo aniversário da publicação de *Os sete saberes*; Elimar Nascimento, da Universidade de Brasília; Luis Carrizo, da Cátedra da Condição Humana e Complexidade do Claeh (Centro Latino-americano de Economia Humana), Montevidéu; Instituto internacional para o Pensamento Complexo, dirigido por Raúl Motta, da Universidade de Salvador, Buenos Aires; a revista *Complejidad*, Buenos Aires; a revista *Ludus Complexus*, dirigida por Alexandre de Pomposo, México; a Multiversidad Mundo Real Edgar Morin, em Hermosillo, México, fundada por Ruben Reynaga; Leonardo Rodriguez Zoya, da Universidade Nacional de Santiago del Estero, Argentina, responsável por uma vasta rede, a "Comunidade do Pensamento Complexo"; Pedro Sotolongo, da Cátedra da Complexidade da Universidade de Havana, Cuba; Carlos Delgado, da Universidade de Havana e da Multiversidad Edgar Morin; o Instituto Peruano del Pensamiento Complejo Edgar Morin da Universidade Ricardo Palma, em Lima, Peru; o diploma de Complexidade outorgado à Universidade Nacional Pedro Ruiz Gallo, em Lambayeque, Peru; a Cátedra

Minhas proposições suscitaram diversas reformas nas escolas de ensino médio e universidades no México, no Brasil e na Colômbia.

Espero que um dia várias universidades inscrevam, em letras douradas na sua fachada principal, a máxima de Blaise Pascal:

> Portanto, sendo todas as coisas causadas e causantes, ajudadas e ajudantes, mediatas e imediatas, e todas se mantendo por um laço natural e insensível, que liga as mais afastadas e as mais diferentes, tenho como impossível conhecer as partes sem conhecer o todo, assim como conhecer o todo sem conhecer particularmente as partes[79].

O destino planetário

Meu sentimento de pertencimento à humanidade sempre foi muito presente e poderoso desde a adolescência. Foi pelo desejo de participar da emancipação do gênero humano que me converti ao comunismo; a desconversão não alterou meu sentimento. Ela me permitiu tomar consciência, na época da revista *Arguments*, de que vivíamos na "idade do ferro planetária" e que permaneceríamos para sempre na "pré-história do espírito humano". *O Método* foi inspirado pela busca de um pensamento capaz de nos guiar na direção de saída dessa pré-história. No fim de *A humanidade da humanidade*, escrevi: "Há possibilidade de recalcar a barbárie e verdadeiramente civilizar os humanos? Poderíamos perseguir a transformação de hominização em humanização? Tendo sucesso, será possível salvar a humanidade?".

Essa preocupação, alimentada em *O Método* e também o alimentando, foi expressada antes em *Para sair do século XX*[80], publicado em 1981 e que, depois do ano 2000, passou a ser chamado *Para entrar no século XXI*[81]. Esse livro foi um dos primeiros exercícios de ativação do pensa-

---

de Educação Transcomplexa, presidida por Miguel González Velasco, da Universidad Mayor de San Andres, La Paz, Bolívia; o Centro de Epistemologia e de Antropologia Complexa, dirigido por Mauro Ceruti e Gianluca Bocchi, na Universidade de Bérgamo; Sergio Manghi, da Universidade de Parma; a Associação para o Pensamento Complexo, dirigida por Alessandro Mariani, em Florença; Oscar Nicolaus, da Universidade de Nápoles, que, estimulado por Giuseppe Gembillo, publicou inúmeros textos de minha autoria; o Centro de Filosofia Edgar Morin, da Universidade de Messina; a Cátedra para a Transdisciplinaridade da Universidade de Valhadolide.

[79] Edgar Morin se refere ao fragmento 199, de Blaise Pascal, que trata da "desproporção do homem". Cf. Blaise Pascal, *Pensamentos*, trad. Mário Laranjeira, São Paulo: Martins Fontes, 2001. [N.T.]

[80] Edgar Morin, *Pour Sortir du XXᵉ Siècle*, Paris: Seuil, 1984. [Ed. bras.: *Para sair do século XX*, 30. ed., trad. Vera Azambuja Harvey, Rio de Janeiro: Nova Fronteira, 2003.]

[81] Edgar Morin, *Pour Entrer dans le XXIᵉ Siècle*, Paris: Seuil, 2004.

mento complexo destinado a interpretar a crise contemporânea da humanidade. Ao consultar recentemente seu índice, surpreendi-me ao constatar que a obsessão que guia essa obra continua a ser o problema do erro e da ilusão. A primeira parte, "Saber ver", é um convite para tomar cuidado com as "imunidades ideológicas". A segunda parte, "O jogo do erro e da verdade", insiste no erro que representa ignorar o erro, analisa a dificuldade da missão dos intelectuais e, mais uma vez, coloca a dupla questão: "Em que acreditar? O que fazer?". A parte final questiona o devir do mundo. O livro se conclui destacando o imenso dispêndio de energia em esporos, pólens, germes, espermatozoides requeridos por qualquer fecundação e, *in fine*, nos impele a cumprir o que nosso imperativo mais profundo nos pede: semear/se amar.

Quase dez anos mais tarde, escrevi *Terra-Pátria*[82], em colaboração com Anne-Brigitte Kern, para convencer os leitores da necessidade de assumir plenamente nossa cidadania terrestre.

A via

Em 2011, com a salutar participação de Sabah Abouessalam e com a ajuda documental de Karima Abouessalam, fiz o imenso esforço de conceber e redigir *A via*, livro ao qual dei o seguinte subtítulo: *para o futuro da humanidade*[83].

Esse livro se confronta com a extrema complexidade dos processos emaranhados da globalização, ou seja, das inter-retroações entre o global e o local, da multiplicidade das interferências entre processos políticos, econômicos, demográficos, religiosos, psicológicos, científicos, técnicos; das ambivalências da globalização, principalmente o aumento da prosperidade e o crescimento da miséria, o desenvolvimento das autonomias individuais e a degradação das solidariedades, os aportes benéficos e maléficos do Ocidente, a unificação tecnoeconômica e a fragmentação etnocultural do mundo.

---

[82] Edgar Morin, Anne-Brigitte Kern, *Terre-Patrie*, Paris: Seuil, 1993. [Ed. bras.: *Terra-Pátria*, trad. Paulo Neves, Porto Alegre: Sulina, 1996.]

[83] Edgar Morin, *La Voie: pour l'avenir de l'humanité*, Paris: Fayard, 2011. [Ed. bras.: *A via: para o futuro da humanidade*, trad. Edgard de Assis Carvalho, Mariza Perassi Bosco, Rio de Janeiro: Bertrand Brasil, 2013.]

Além dessas ambivalências, mostro que a globalização é, ao mesmo tempo, o pior e o melhor que poderia acontecer à humanidade. Melhor porque, pela primeira vez na história, todos os humanos podem tomar consciência de que compartilham uma comunidade de destino diante dos problemas vitais e mortais que eles têm de enfrentar. Pior porque, a não ser que se mude de via, o curso atual da globalização provavelmente conduzirá a sucessivos desastres.

Por essa razão, uso na obra a imagem do trajeto desenfreado de uma nave espacial sem piloto, propulsada por três motores que ativam um ao outro: a ciência, a técnica, a economia. Tudo se tornou ao mesmo tempo interdependente e conflitante. A progressiva unificação tecnoeconômica do globo foi acompanhada de uma balcanização crescente[84]. Os conflitos étnicos, ideológicos e religiosos assolam o planeta. As devastações provocadas pelos fanatismos e pelo capitalismo financeiro não param de crescer. A ascensão de uma parcela dos pobres ao bem-estar das classes médias é acompanhada pelo crescimento da miséria da maior parte da população. O progresso do bem-estar material é acompanhado por um mal-estar espiritual. Os avanços econômicos e técnicos mascaram para os eufóricos a degradação da biosfera, a crise das civilizações tradicionais e a crise da civilização ocidental. A sobreposição das crises civilizacionais, sociais, econômicas, ecológicas e morais provocou a grande crise da humanidade, que não consegue chegar a se tornar Humanidade. Não podemos mais acreditar na lei histórica do progresso enunciada por Condorcet[85]. Podemos até mesmo recear que os benefícios puramente materiais conduzam a uma regressão generalizada.

No entanto, talvez ainda seja possível mudar de via. A que seguimos – globalização/ocidentalização/desenvolvimento – já pode ser radicalmente corrigida:

---

[84] Termo cunhado pelos socialistas alemães do século XIX para criticar a ação czarista russa nos Bálcãs. O termo adquiriu várias significações, mas, de modo geral, designa o modelo de uma potência sobre determinada zona, que implica a divisão de um Estado em facções armadas que se hostilizam mutuamente. [N.T.]

[85] Marie Jean Antoine Nicolas de Caritat, marquês de Condorcet (1743-1794) e considerado o último dos iluministas, esboçou um quadro histórico dos progressos do espírito humano. Para Condorcet, a desigualdade criada pelo acúmulo do conhecimento era natural do homem, e o progresso da humanidade era algo irreversível e inevitável. [N.T.]

- **mundializar/desmundializar**: mundializar para favorecer a comunidade de destino humana; desmundializar para salvaguardar os territórios prejudicados pela desertificação econômica e humana e para preservar as diversidades culturais;

- **desenvolver/envolver**: desenvolver o bem-viver, a democracia, a autonomia individual, a emancipação das mulheres; envolver para proteger as comunidades e as solidariedades;

- **crescimento/decrescimento**: encorajar o crescimento de uma economia verde, da economia social e solidária, da agroecologia, dos circuitos curtos, dos artesanatos de reparação, das profissões de solidariedade; encorajar o decrescimento da energia nuclear, da indústria bélica, do consumo de produtos oriundos da indústria agroalimentar e de agricultura intensiva, da fabricação de produtos com obsolescência programada.

De modo mais abrangente, podemos ter esperança nas miríades de vias reformadoras em todos os domínios, não apenas nos econômicos e sociais mas também nos pessoais e éticos. Todas essas reformas (do pensamento, da pessoa, da vida, da sociedade etc.), por serem interdependentes, podem confluir para uma nova via, que poderia nos conduzir a uma metamorfose mais surpreendente ainda do que aquela que gerou as sociedades históricas há seis milênios.

Não resta dúvida de que é improvável que possamos mudar de via. Mas o improvável não é o impossível. Creio me dedicar doravante a essa missão, sentindo-me sempre "conectado ao patrimônio planetário, inspirado pela religião do que religa, pela rejeição do que rejeita, por uma infinita solidariedade"...

5
Viver
(A baniana, continuação)

> *Não escrevo de uma torre que me retira da vida, mas no meio de um turbilhão que me implica na vida.*
>
> O Método 2, A vida da vida

Não cessei de retornar à questão de Kant que subordina o "O que posso saber? O que devo fazer? O que me é permitido esperar?" à antropologia, isto é, ao conhecimento do ser humano. Prolonguei a interrogação em circuito: o conhecimento precisa de um conhecimento do conhecimento, ou epistemologia, a qual, por sua vez, precisa de uma antropologia, que precisa de uma epistemologia.

Em minha mente, a antropologia jamais se reduziu ao estudo das sociedades ditas arcaicas; sempre a considerei como o conhecimento simultaneamente científico e filosófico do ser humano, ou seja, da trindade recursiva indivíduo/sociedade/espécie.

Em *O enigma do homem: para uma nova antropologia*[86], rompi com a noção unilateral de um *Homo sapiens* racional para justapor a ela, de maneira ao mesmo tempo antagônica e complementar, o *Homo demens*. A afetividade está presente na atividade racional: conectada à razão, ela lhe transmite a sensibilidade, mas, quando privada de razão, conduz ao delírio e à demência. Essa concepção me permitiu perceber a importância da afetividade no âmago da vida humana e na própria razão.

No decorrer dos anos 1990, entre os volumes quarto e quinto de *O Método*, fiquei feliz em poder fazer uma conferência sobre o amor, em um colóquio sobre esse tema realizado em Grenoble, uma outra sobre a poesia, no festival internacional de Struga, na Macedônia, então Iugoslávia, e, finalmente, uma sobre a sabedoria, em um colóquio que aconteceu em Paris[87]. Tais circunstâncias me permitiam abordar temas de vida

---

[86] Edgar Morin, *Le Paradigme perdu: la nature humaine*, Paris: Seuil, 1973. [Ed. bras.: *O enigma do homem: para uma nova antropologia*, trad. Fernando de Castro Ferro, Rio de Janeiro: Zahar, 1975.]
[87] *O complexo de amor*, conferência pronunciada no colóquio Palavras de Amor, organizado pelo Planning Familial [movimento pelo planejamento familiar] de Grenoble em 16 e 17 de março

que ocupavam meu espírito, mas que eu não conseguia expressar diretamente em minha volumosa obra.

A redação do quinto volume, *A humanidade da humanidade*[88], permitiu-me integrar melhor essas questões a *O Método*. Consegui de fato ampliar e complexificar minha concepção de ser humano. Ao *Homo faber*, eu acrescentava o *Homo religiosus* ou *mythologicus*; ao *Homo oeconomicus*, eu juntava o *Homo ludens*, evidenciando a enorme parte afetiva, imaginária, mitológica, religiosa, lúdica e gratuita que a visão racional/técnica/econômica de *sapiens/faber/oeconomicus* ocultava inteiramente. Mais recentemente, os trabalhos de António Damásio e de Jean-Didier Vincent me mostraram evidências de que toda atividade cerebral racional estimula um centro emocional. Não existe razão pura, fria, insensível. Sem dúvida alguma, a razão triunfa no cálculo econômico, mas não na vida da mente. Falta a ela o que Merleau-Ponty denominava "a carne"[89].

Na autoanálise que fiz em *Meus demônios* (sempre paralelamente à escrita de *O Método*), eu me via sob a influência de quatro instâncias ao mesmo tempo antagônicas e complementares: a dúvida, a fé, o misticismo e a racionalidade. Certamente, nem minha fé nem meu misticismo se fundamentam em uma religião revelada, embora, durante a guerra e ainda algum tempo depois, eu acreditasse que o comunismo fosse a grande religião de salvação terrestre. Minha religião é a religião da humanidade. Sinto em mim o pertencimento à vida e o pertencimento ao cosmo, de maneira não apenas estética mas também existencial e ética. Tenho fé no amor, mesmo sabendo que toda fé é uma aposta incerta. Sinto um misticismo profundo nos êxtases não apenas da fusão amorosa como também de uma música sublime, do canto dos pássaros, de um rosto belo, de uma lua cheia – que reflete a presença de minha mãe, Luna – das paisagens toscanas, dos momentos comunitários tão calorosos de amor na rua Saint-Benoît, em Caldine, em Figline Valdarno, no Argentario.

---

de 1990; *A fonte de poesia*, conferência pronunciada no Festival de Poesia de Struga, no verão de 1990; *Pode existir uma sabedoria moderna?*, conferência pronunciada no Centro de Pesquisas sobre o Imaginário Social e a Educação, em Paris, em 26 de novembro de 1995. Reuni essas três conferências no livro *Amour, poésie, sagesse*, Paris: Seuil, 1997. [Ed. bras.: *Amor, poesia, sabedoria*, trad. Edgard de Assis Carvalho, Rio de Janeiro: Bertrand Brasil, 1998.]

[88] Ed. bras.: Edgar Morin, *O Método 5, A humanidade da humanidade*, trad. Juremir Machado da Silva, Porto Alegre: Sulina, 2002.

[89] Ao discutir as relações com o mundo, Maurice Merleau-Ponty (1908-1961) refere-se à "presença perceptiva no mundo" como "a experiência de habitar o mundo por meio de nosso corpo". Essa estrutura ontológica da carne é o elemento formador do sujeito e do objeto. Para Merleau-Ponty, a carne não é matéria, espírito ou substância, mas uma espécie de princípio encarnado, um elemento do Ser. Cf. Maurice Merleau-Ponty, *O visível e o invisível*, trad. José Arthur Giannotti, Armando Mora d'Oliveira, São Paulo: Perspectiva, 1964. [N.T.]

O amor e a amizade, sentimentos que nutrem meus fervores místicos e que são nutridos por eles, me conduzem aos limiares do êxtase, às portas do sagrado, aos quais acrescento meu sentimento simultaneamente cada vez mais visceral e religioso de participar da aventura humana. Esse sentimento se impôs para mim desde a introdução geral do primeiro volume de *O Método* e volta a me influenciar ao escrever este livro: "Senti-me conectado ao patrimônio planetário, inspirado pela religião do que religa, pela rejeição do que rejeita, uma infinita solidariedade; o que o Tao denomina *o espírito do vale*, "recebe todas as águas que afluem para ele"[90].

Encontrar a verdadeira vida

Tudo isso me conduziu ao problema central do viver. Esse tema, que parece emergir *in extremis* da baniana em *Ensinar a viver*[91], já era o tema primordial da minha existência, pois nasci quase morto, sufocado pelo cordão umbilical. Permaneceu em mim uma angústia física denominada angor, ou falsa angina de peito, que me dá a sensação de sufocar e que só consigo aliviar depois de bocejar profundamente. Esse angor me perseguiu a vida inteira e continua a me importunar até agora. Se consegui superar minha angústia adolescente de não poder viver minha vida, a angústia da morte volta a me invadir de tempos em tempos. Sei agora que, para mim, viver não é tanto eliminar a angústia, mas sim recalcá-la na periferia da minha consciência, graças à curiosidade e ao amor, sabendo de uma vez por todas que ela não pode ser suprimida.

Querer viver era o tormento de minha consciência adolescente. Até a idade de 19 anos, sofri incessantemente com o sentimento que Rimbaud expressa tão bem em *Uma temporada no inferno*: "A autêntica vida está ausente"[92]. Meu pai, em sua extrema preocupação de proteger seu único filho, órfão de mãe, dos perigos da vida – portanto, da própria vida –, impediu-me de, aos 15 anos, ir vagamundear pela Grécia junto com meu amigo Henri Salem (seu pseudônimo na Resistência seria Alleg) e, depois, de acompanhar uma delegação a um campo de refugiados da Guerra Civil Espanhola, por ocasião da derrota da Catalunha. Eu tinha o pleno

---

[90] Edgar Morin, *La Méthode*, v. 2, coleção "Opus", Paris: Seuil, 2008, p. 48. [Ed. bras.: *O Método 5, A humanidade da humanidade*, trad. Juremir Machado da Silva, Porto Alegre: Sulina, 2002, p. 39.]

[91] Edgar Morin, *Enseigner à Vivre: Manifeste pour changer l'éducation*, Paris: Play Bac; Arles: Actes Sud, 2014. [Ed. bras.: *Ensinar a viver: manifesto para mudar a educação*, trad. Edgard de Assis Carvalho, Mariza Perassi Bosco, Porto Alegre: Sulina, 2015].

[92] "Que vida! A autêntica vida está ausente. Não estamos no mundo." Cf. Arthur Rimbaud, *Uma temporada no inferno*, trad. Paulo Hecker Filho *et al.*, Porto Alegre: L&PM, 2016. [N.T.]

sentimento de que não vivia minha vida, uma vez que era dependente da proteção obsessiva de meu pai e tinha medo de morrer antes de viver.

O desastre em que a França mergulhou foi minha libertação, a sujeição do país foi minha emancipação. Em Toulouse, escapei da tutela de meu pai. Depois de ter sido desmobilizado pelo exército, ele retornou a Paris e continuou por algum tempo com seu comércio. Em junho de 1940, no meio de outros estudantes vindos do norte, da Alsácia, da Bretanha, de Paris, de todas as regiões invadidas pelas tropas alemãs, eu era autônomo e solidário, estava no Centro de Acolhimento de Estudantes Refugiados, pelo qual me tornei responsável. Graças à minha primeira experiência de fraternidade e de solidariedade, eu me sentia realmente vivo, inclusive no sofrimento de um primeiro amor infeliz.

Finalmente, eu florescia em meio a amizades intensas e calorosas. E, no entanto, meu sentimento de querer viver ainda não havia sido verdadeiramente realizado. A partir de dezembro de 1941, o ataque japonês[93] contra os Estados Unidos transformou a guerra europeia em guerra mundial, e a primeira vitória soviética na frente de batalha de Moscou fez surgir em mim não apenas a esperança da libertação da França mas a da emancipação de toda a humanidade. Como já mencionei antes, eu encontrava argumentos que me pareciam racionais a fim de depositar minhas esperanças na União Soviética ("para lutar contra a barbárie, o comunismo se tornou bárbaro"); ao mesmo tempo, porém, eu sentia um impulso profundo de meu ser, mais forte, afinal, do que meu medo de morrer, um impulso que me fazia compreender que, no desencadeamento da guerra mundial, que arrebatava todos os jovens do mundo, tentar sobreviver me escondendo era me recusar a viver. Foi desse sentimento que surgiu a oposição, capital em mim, entre viver e sobreviver. Na última anotação em meu diário pessoal, eu me questionava se meu engajamento era verdadeiramente por convicção e concluía: "Veremos isso mais tarde".

Para dizer a verdade, durante o período da clandestinidade, eu acreditava viver plenamente e me sentia até mesmo feliz de viver pela grandiosa causa da liberdade e da emancipação, feliz de viver a fraternidade, a despeito das pequenas dissonâncias que existiam entre os resistentes.

---

[93] Operação aeronaval da Marinha Imperial Japonesa que atacou de surpresa a base naval de Pearl Harbor, quartel-general da frota estadunidense do Pacífico, no Havaí, na manhã de 7 de dezembro de 1941, e que fez com que os Estados Unidos entrassem definitivamente na Segunda Guerra Mundial. [N.T.]

Os dias de insurreição de Paris[94] foram ardentes; os da liberação foram sublimes: meu sentimento era o de estar vivendo um "êxtase da história". Posteriormente, tive a sensação de viver outros êxtases da história, como os primeiros dias do Maio de 1968, a aurora da Revolução dos Cravos, em Lisboa, depois a queda do Muro de Berlim e, mais tarde, durante a Primavera Árabe. Em 1979, a leitura de *Enamoramento e amor*[95], de Francesco Alberoni, me confirmou que, no plano histórico, as revoluções em estado nascente, assim como as euforias coletivas de libertação, constituíam algo equivalente ao *innamoramento*, o primeiro momento, quase extático, do encontro amoroso.

As semanas que se seguiram à libertação de Paris foram decepcionantes. A vida havia perdido sua poesia. Eu, que na clandestinidade vivia tão feliz de ser ao mesmo tempo degaullista e comunista, passei a ser visto por alguns como suspeito de duplicidade. Eu não encontrava inserção profissional. Embora tivessem facilitado o ingresso dos jovens da Resistência que haviam interrompido seus estudos no concurso para professores do ensino público, depois de uma vida sem horários nem domicílio fixos, eu não conseguia me imaginar submetido a uma vida professoral programada. Como jornalista, eu era um fracasso. Decidi, então, organizar uma grande exposição sobre os crimes hitleristas, mas os assistentes que o Ministério me forneceu eram burocratas medíocres que não haviam vivenciado nossa epopeia.

Eu havia perdido a "verdadeira vida". Fiquei desesperado. O deus do acaso foi quem me salvou quando me fez encontrar exatamente o que eu precisava. Graças ao meu amigo da Resistência Pierre Le Moigne, o "herói de sorriso tão doce", o Comandante Durandal (seu verdadeiro nome era Chazeaux), um operário que havia se tornado chefe do *maquis* de Franco-Condado, recrutou Violette, a companheira de Resistência com quem depois me casei, e eu para nos juntarmos ao Estado-Maior do 1º Batalhão Francês, que havia se instalado em Lindau às margens do lago de Constança (na fronteira da Alemanha com a Áustria e com a Suíça), dois meses antes

---

[94] Morin se refere a um importante momento histórico da França, quando o então presidente da República, Adolphe Thiers, assinou o tratado de rendição francesa na guerra contra a Prússia. Paris foi cercada pelo exército prussiano, o que causou medo e revolta na população. Com o clima político tenso, uma insurreição popular se desencadeou: em 18 março de 1871, teve início a primeira revolução proletária na capital francesa, conhecida como Comuna de Paris, uma tentativa de criação e implantação de um governo socialista. A revolta perdurou até 28 de maio de 1871, quando o governo deposto e a alta burguesia da cidade, apoiados por um forte aparato militar e policial, reagiram com força e violência, prendendo ou executando os líderes e demais integrantes do movimento. [N.T.]

[95] Ed. it.: Francesco Alberoni, *Innamoramento e amore*, Milano: Garzanti, 1979. [Ed. bras.: *Enamoramento e amor*, trad. Ary Gonzalez Galvão, Rio de Janeiro: Rocco, 1988.]

que a guerra definitivamente chegasse ao fim. Mais uma vez, eu me senti vivo, tanto na nova fraternidade com amigos inesquecíveis, Romuald e Jacqueline de Jomaron, Georges Lesèvre, veteranos do *maquis* de Franco-Condado, quanto na minha missão como responsável pela propaganda na Direção de Informação Militar do governo francês: encontrar alemães antifascistas e contribuir para a desintoxicação do nazismo.

Eu aproveitava minhas novas funções no governo militar francês para penetrar em todas as zonas de ocupação da Alemanha, decapitada e em ruínas. Minhas experiências, principalmente aquelas em Berlim, que foram relatadas no ensaio *Mes Berlin*[96] [Minha Berlim], me propiciavam um sentimento de vida intenso diante da grande nação morta.

Como a cada volta a Paris eu comentava sobre essa Alemanha em seu "ano zero" com meus queridos amigos da Resistência, Dionys Mascolo, Marguerite Duras e Robert Antelme, que havia voltado quase morto da deportação e se recuperava lentamente, Robert, que se tornara editor, pediu-me, então, para escrever *O ano zero da Alemanha*[97], o que fiz em Baden-Baden, com a ajuda de Violette, completamente possuído por minha redação.

Começou então a inseparabilidade entre minha vida e minha obra, minha vida nutrindo minha obra e minha obra, por sua vez, nutrindo minha vida. A reputação que esse livro me proporcionou, o primeiro livro depois de 1945 que não era antialemão, fez com que, anos mais tarde, Olga Wormser, na época diretora de uma nova coleção de dimensão histórica da editora Corrêa, me convidasse para escrever um livro sobre um tema de minha preferência: eu escolhi a morte[98].

Esse tema veio do fundo de mim. A morte de minha mãe foi o acontecimento da minha vida. Um ano depois, escapei de uma doença fatal e

---

[96] Trata-se de uma narrativa pessoal que abarca cerca de sessenta anos de surpreendentes transformações da cidade de Berlim. Nesse livro, Morin fala da Alemanha, cujo fabuloso poderio de guerra subjugou a Europa, avançando até o Cáucaso e o Egito, e que, em 1945, após a vitória das Forças Aliadas, se encontrava devastada, miserável e aterrorizada. Seu relato abrange desde o pós-guerra, a cisão de uma cidade em duas, seguida pelo desenvolvimento de duas metrópoles justapostas, controladas por dois sistemas estrangeiros e inimigos, que aparentemente iriam se perpetuar para sempre, a RDA e a RFA, até o Muro de Berlim, cuja queda emocionou o mundo e fez renascer uma Berlim em ininterrupta metamorfose. Cf. Edgar Morin, *Mes Berlins: 1945-2013*, Paris: Cherche Midi, 2013. [N.T.]

[97] Edgar Morin, *L'An zéro de l'Allemagne*, Paris: La Cité Universelle, 1946. [Ed. bras.: *O ano zero da Alemanha*, trad. Edgard de Assis Carvalho, Mariza Perassi Bosco, Porto Alegre: Sulina, 2009.]

[98] Edgar Morin, *L'homme et la mort dans l'histoire*, Paris: Corrêa, 1951. [Ed. bras.: *O homem e a morte*, trad. Cleone Augusto, Rio de Janeiro: Imago, 1997.]

de natureza desconhecida, devido, talvez, à dificuldade de aceitar a vida após essa morte. Tempos depois, meu amigo e companheiro de Resistência, o antifascista alemão Jean Krazatz, foi morto sob tortura em uma masmorra da Gestapo. Alguns dos meus amigos da Resistência, Claude Dreyfus, Jean Reties, Joseph Récanati, morreram durante os processos de deportação. Meu tio Jo e meu tio Benjamin tiveram destino semelhante. Por meio das culturas, das civilizações, da história, eu queria compreender como a morte perturba e parasita a vida humana, como o horror da morte conduz a imaginar, desde a Pré-História e em todas as civilizações, a despeito da decomposição do cadáver, uma vida após a morte, como o horror da morte e a coragem de desafiá-la podem coexistir no ser humano. O azar havia me tornado um desempregado. A sorte era que eu me encontrava completamente disponível para trabalhar no livro. E, curiosamente, eu sentia que estava vivendo plenamente, porque me entregava por inteiro à sua elaboração.

Todos os livros que se seguiram foram igualmente marcados pela interpenetração da minha vida e do meu trabalho.

O imaginário e a vida

Quando fui contratado pelo CNRS, em 1951, escolhi como tema de pesquisa algo que havia sido minha paixão juvenil e continuou como paixão estética permanente em minha vida: o cinema. Meu trabalho sobre a morte me havia mostrado a importância do imaginário e do mito na vida do ser humano. Minhas pesquisas em antropologia do cinema me propiciaram um outro ponto de vista sobre a relação indissolúvel entre o imaginário e o real. Em *O cinema ou o homem imaginário*[99], coloquei como epígrafe a frase de Maksim Górki[100]: "A realidade do homem é semi-imaginária". O que me impressionava era nossa aptidão para dar vida, personalidade e alma a jogos de sombra e luz sobre a tela. Com frequência, foi denunciada a alienação do espectador diante de uma ficção que ele vive como realidade. Percebi que havia no espectador muito mais uma dupla consciência: de um lado, ele se identificava com os heróis e participava intensamente das aventuras dos filmes; de outro, uma consciência em alerta sinalizava

---

[99] Edgar Morin, *Le Cinéma ou l'homme imaginaire: essai d'anthropologie sociologique*, Paris: Les Éditions de Minuit, 1956. [Ed. bras.: *O cinema ou o homem imaginário: ensaio de antropologia sociológica*, trad. Luciano Loprete, São Paulo: É Realizações, 2014.]

[100] Maksim Górki (1868-1936) foi dramaturgo, romancista e ativista político. Em 1933, com o apoio de Stálin, fundou o Instituto de Teatro Maksim Górki, responsável pela formação de vários atores. *Pequenos burgueses* é considerada uma de suas principais peças teatrais.

que ele não estava presente na vida, mas na imagem da vida. Além disso, eu descobria que, de um modo muito mais intenso do que no romance (no qual a mente do leitor dá vida à narrativa escrita) ou no teatro, o cinema (devido à capacidade dos *close-ups* de ampliar os rostos e ao papel afetivo da música) nos tornava melhores do que na vida cotidiana durante o tempo da projeção. De fato, pela magia da empatia ou da projeção/identificação, podemos compreender os aspectos humanos do gângster ou do criminoso; percebemos a complexidade dos personagens; simpatizamos com o vagabundo, com o andarilho, com o mendigo, que desprezamos ou ignoramos na vida real. A partir de então, surgiu a questão que não cessou de me atormentar: como fazer para conservar em nossa vida a compreensão e a humanidade que perdemos ao sair do cinema?

Meu pequeno livro sobre *As estrelas*[101] não examina apenas o culto às atrizes, que são indissociavelmente mercadorias e ídolos, e a divinização de que elas são objeto. Ele também traduz a fascinação que eu mesmo sentia por elas. Com 16 anos, depois de ter assistido à atriz Michèle Morgan no filme *Mulher fatal*[102], no qual ela interpretava uma jovem órfã caluniada, escrevi-lhe dizendo que estava disposto a protegê-la. Antes, aos 12, eu tinha sido arrebatado pela adoração que sentia por Brigitte Helm, atriz alemã que encarnava a rainha Antinéa no filme *Atlântida*[103], de Georg Wilhelm Pabst. Já adulto, não cessei de me emocionar com as estrelas de cinema, principalmente com Ava Gardner em *Pandora*[104]. Naquela época, meus conhecimentos se alimentavam das minhas experiências de vida, as quais cada vez mais se interligavam à evolução de meus conhecimentos.

Como minha marginalidade no CNRS me concedia toda a liberdade, pude escolher temas de pesquisa que despertavam intensamente minha

---

[101] Edgar Morin, *Les Stars*, Paris: Seuil, 2015. [Ed. bras.: *As estrelas: mito e sedução no cinema*, trad. Luciano Trigo, São Paulo: José Olímpio, 1989.]

[102] *Gribouille* (1937). Em um julgamento, um dos jurados convence o júri a mudar de opinião à medida que novas evidências aparecem. Elenco: Raimu, Michèle Morgan, Gilbert Gil. Dir.: Marc Allégret. [N.T.]

[103] *L'Atlantide* (1932). Filme baseado no livro homônimo de Pierre Benoît, publicado em 1919. Antinéa, rainha de Atlântida, governa seu reino secreto oculta pelo deserto do Saara. Certo dia, dois exploradores perdidos chegam ali e logo descobrem que não tinham sido salvos: Antinéa tinha o hábito de tomar homens como amantes e, quando se cansava deles, matava-os e mumificava-os. Elenco: Brigitte Helm, Pierre Blanchar, John Stuart. Dir.: Georg Wilhelm Pabst. O filme de 1932 ao qual Edgar Morin se refere é um *remake* da primeira versão de 1921, dirigida por Jacques Feyder. Em 1992, houve uma versão franco-italiana, sob a direção de Bob Swain e com Christopher Thompson, Jean Rochefort e Tchéky Karyo. [N.T.]

[104] *Pandora and the Flying Dutchman* (1951). Em 1930, alguns pescadores do pequeno porto de Esperanza, na Espanha, recolhem em suas redes o corpo de uma mulher e o de um homem. Essa cena dá início à trama do filme, que se desenrola em torno de uma mulher sedutora e cobiçada por muitos homens que se apaixona pelo misterioso capitão de um navio. Elenco: James Mason, Ava Gardner, Nigel Patrick. Dir.: Albert Lewin. [N.T.]

curiosidade de vida – e jamais consegui dissociar minha vida de minha obra, inclusive e sobretudo em *O Método*.

Moral e verdade

Ressuscitando para a vida política, fui um dos quatro fundadores do Comitê de Ação dos Intelectuais Franceses contra a Guerra na África do Norte, criado por iniciativa de Dionys Mascolo, em 1955, mas também dessa vez uma experiência de vida da qual eu me envergonhava fez com que eu me engajasse em uma resistência dentro da Resistência. Quando a Frente de Libertação Nacional (FLN) argelina cobriu de insultos Messali Hadj, o patriarca do nacionalismo argelino, porque ele desejava preservar a autonomia do Movimento Nacional Argelino (MNA), fundado por ele depois que a FLN decidiu aniquilar fisicamente os messalistas na Argélia e na França, a vergonha de ter me mantido calado quando era comunista, ao ouvir as piores calúnias contra os trotskistas, que os stalinistas identificavam como fascistas, me impulsionou a tomar a defesa da honra dos messalistas, o que me valeu os piores aviltamentos por parte dos intelectuais convencidos de que a FLN constituía a vanguarda da revolução proletária francesa e da revolução mundial. Quando tomei consciência de que a urgência era evitar que o apodrecimento da guerra provocasse o pior na Argélia e na França – o que quase aconteceu na França e aconteceu na Argélia –, acabei sendo alvo da incompreensão de amigos próximos.

A revista *Arguments* coincidiu com a crise histórica que começou com as esperanças suscitadas pelo Relatório Mikoïan[105] e, sobretudo, pela divulgação do Relatório Kruschev sobre os crimes de Stálin e continuou no impulso libertador do Outubro Polonês e da Revolução Húngara, culminando no aniquilamento da Hungria pelo exército soviético. Meus amigos e eu nos empenhamos em questionar o marxismo, que até então nos havia alimentado, e em repensar o mundo; diagnosticamos de imediato o golpe na Argélia, que ameaçava a França com uma ditadura militar, mas que o general de Gaulle conseguiu evitar. Queríamos considerar não

---

[105] Anastase Mikoïan, Nikita Kruschev e Nikolai Bulganin compuseram a troika, que assumiu a chefia do Partido Comunista Soviético após a morte de Stálin, em 1953. Em 1956, no XX Congresso do Partido, conduzido a portas fechadas e sem admitir nenhuma anotação ou pergunta, Kruschev, diante dos delegados atônitos, discursou durante quatro horas acusando seu predecessor de crimes ignóbeis, da prisão e execução de inúmeros dirigentes comunistas, entre eles Trótski, condenando o culto à personalidade de Stálin e questionando suas habilidades como estrategista durante a Segunda Guerra Mundial. [N.T.]

apenas os problemas teóricos, filosóficos ou políticos mas também os problemas existenciais, como o amor e o bem-estar.

Na mesma época, a redação de *Autocrítica*[106] revelou-me quão mortais o erro e a ilusão podiam se tornar para a mente. A vontade de lutar contra essas armadilhas e a aspiração à verdade tornaram-se, então, necessidades vitais para mim. A mentira monstruosa e imbecil do Processo Rajk[107] provocou-me uma repugnância tão grande que induziu, no mesmo momento, à ruptura de um laço que havia se tornado umbilical. A revolta intelectual não fora suficiente, era necessária uma revolta moral para que a verdade finalmente se impusesse. O marxismo nos assegurava que a moral era uma noção formal pequeno-burguesa, que era moral tudo o que servia à Revolução e que a moral que desservia à Revolução era imoral. Ele mantinha uma espécie de carapaça que nos blindava. Mas houve um excesso de mentiras, um excesso de ignomínias, e a carapaça se rompeu. Mais tarde, quando em *O Método* concebi a ideia de que a razão tem tanta necessidade da emoção quanto a emoção tem da razão, compreendi que a verdadeira força de resistência ao erro e à ilusão residia na união entre o sensível e o racional. Em *Autocrítica*, porém, eu havia feito uma descoberta mais importante: a moral podia ser uma via de acesso à verdade, enquanto a ideia que se acredita esclarecedora pode, na realidade, cegar. Compreendi que a consciência moral podia ter primazia sobre a consciência intelectual.

Compreender a vida

Minha aventura cinematográfica em *Crônica de um verão*[108] foi instigada por meu problema de vida naquela época. Eu não havia conseguido abandonar minha companheira e esposa pela mulher que eu amava, que acabou me deixando e desistiu de mim. Apático, eu me dispersava em viagens, conferências, encontros, entrevistas. Fui membro do júri do I Festival do Filme Etnográfico e Sociológico de Florença, ao lado de Jean Rouch, a quem propus rodar um filme comigo sobre o tema "Como você

---

[106] Edgar Morin, *Autocritique*, Paris: Seuil, 1959.

[107] László Rajk (1909-1949) foi ministro do Interior e das Relações Exteriores da Hungria durante o governo do marechal Tito. Rajk foi preso pelo Partido Comunista Soviético e acusado de ser um espião de Tito a mando dos imperialistas do Ocidente. Foi torturado e convencido a admitir seus crimes com a promessa de ser perdoado. O tribunal, porém, quebrou a promessa e manteve as pesadas acusações, tornando Rajk o primeiro exemplo dos expurgos anti-Tito orquestrados por Stálin. Foi executado em 15 de outubro de 1949, junto com outros sete acusados. [N.T.]

[108] *Chronique d'un été*. Dir.: Edgar Morin, Jean Rouch. França, Argos Films, 1961. Disponível em DVD no Brasil, com entrevistas dos realizadores. [N.T.]

vive?". Esse era um tema que me atormentava pessoalmente. O projeto pretendia, no decorrer de jantares nos quais a comensalidade criaria confiança e simpatia, perguntar a diferentes pessoas, incluindo jovens e operários, como "elas lidavam com vida". Entre essas pessoas, encontrava-se aquela que eu havia amado tanto e que não tinha reencontrado após nossa separação, o que fazia com que, embora em segredo, eu estivesse fortemente envolvido nas sessões de entrevista que fazia com ela. Eu acreditava que os homens e as mulheres – jovens e adultos – que haviam dado seu testemunho para esse filme compreenderiam uns aos outros quando projetamos o material, ainda sem edição, em uma sessão organizada especialmente para eles. Presenciei tanto incompreensões quanto compreensões mútuas e, a partir de então, jamais cessei de me preocupar com a dificuldade de se compreender o outro.

Hoje entendo por que carrego comigo o horror da incompreensão: meu pai não compreendeu que, em vez de ocultar de mim a morte de minha mãe com mentiras, teria sido melhor responder à minha necessidade da verdade. Ele acreditava me poupar da dor, mas me causou um sofrimento ainda maior. E eu não compreendi sua intenção. Depois de algum tempo, quando minha tia Corinne, irmã de minha mãe, me disse "A partir de agora, eu sou sua mãe", ela não compreendeu a usurpação que essa frase representava para mim, e eu não compreendi a boa intenção adotiva de suas palavras. Desde então, jamais deixei de me afetar com a incompreensão nas famílias, com a incompreensão que fazia amigos se desentenderem, ainda que tivessem uma ligação profunda, como Claude Lefort e Cornelius Castoriadis, e, igualmente, com a incompreensão que surgia entre pessoas de personalidade, de experiência, de cultura ou de crenças diferentes.

Tornei-me plenamente consciente de que as incompreensões poluem e degradam nossa vida. Compreender o outro é compreender que ele compartilha conosco a mesma humanidade, que ele é nosso semelhante, como um *alter ego*, ao mesmo tempo que ele é outro, *ego alter*, diferente em sua singularidade, seu caráter, seus costumes, suas crenças. Por essa razão, escolhi a compreensão como tema central de meu livro *Ética*[109], sexto volume de *O Método*, e considero indispensável ensinar a compreensão humana desde o curso primário até o nível universitário.

---

[109] Ed. bras.: Edgar Morin, *O Método 6, Ética*, trad. Juremir Machado da Silva, Porto Alegre: Sulina, 2005.

Meu livro *Cultura de massas no século XX*[110] (hoje se diria cultura das mídias) não é um estudo feito de acordo com os altos padrões universitários. Lembro-me de meu amigo Herbert Marcuse, que criticava a televisão com virulência sem jamais ter assistido a alguma transmissão. Ele, que desprezava qualquer coisa eletrônica, ficou encantado quando lhe coloquei nas mãos um saco de risadas (um pequeno saco que solta gargalhadas quando é tocado): "Ha-ha! Como é divertido! O que é isso?", "Um objeto eletrônico, Herbert", "O quê, um eletrônico!?!", ele exclamou, surpreso.

Naquela época, o meio intelectual e universitário desprezava o gênero faroeste, o suspense, as séries de televisão, as partidas de futebol ou de rúgbi. Mas eu, que vivi minha infância imerso na cultura popular, na fascinação pelo ciclismo do Tour de France, na admiração pelas explorações aeronáuticas de Jean Mermoz[111], com seu avião *Arc-en-Ciel*, e de Antoine de Saint-Exupéry, jamais reneguei essa cultura popular ao passar para uma cultura mais refinada, e, sobretudo, eu sabia do que estava falando. Ultrapassando as críticas acadêmicas marxistas, que não enxergavam senão a alienação e o embrutecimento das massas populares na cultura de massa, e as leituras eufóricas dos sociólogos estadunidenses, que consideravam que ela representava um progresso cultural para o meio popular, continuei igualmente sensível às ambivalências. No cerne de minha análise, ressaltei a relação de cooperação antagônica, principalmente no cinema, entre um sistema de produção que procura repetir as receitas de sucesso, garantias do lucro máximo, e o imperativo de originalidade, até mesmo de criatividade, que cada filme singular imprimia. Isso permitia compreender que Hollywood, cuja tendência era eliminar a genialidade (Erich von Stroheim, Orson Welles), podia simultaneamente produzir as obras-primas de John Ford, de Howard Hawks ou de Fritz Lang.

Por outro lado, eu percebia que certas obras, como os filmes de Charles Chaplin ou as canções de Édith Piaf, podiam ter um alcance universal e sensibilizar públicos de todas as idades, de todas as classes sociais, de todas as culturas, o que provocou a ira de Pierre Bourdieu contra meu

---

[110] *L'Esprit du temps: essai sur la culture de masse*, Paris: Grasset, 1962 (t. 1, *Névrose*); 1976 (t. 2, *Nécrose*). [Ed. bras.: *Cultura de massas no século XX – Neurose e Necrose*, trad. Maura Ribeiro Sardinha, Agenor Soares Santos, Rio de Janeiro: Forense Universitária, 2018.]

[111] Jean Mermoz (1901-1936), aviador da Aéropostale, companhia francesa de correio aéreo, é conhecido principalmente por ter realizado a primeira viagem transatlântica de correio aéreo sem escalas, saindo do Senegal, em 12 de maio de 1930, e chegando a Natal, no Brasil, 21 horas depois. Em 1936, aos 35 anos, já como inspetor da Air France, Mermoz e sua tripulação desapareceram no Atlântico, a bordo de um hidroavião, durante a sua 25ª travessia do Atlântico Sul. [N.T.]

livro, condenando essa obra à morte, até sua ressurreição quarenta anos depois. Nesse livro, como em todos os meus estudos sobre a "sociologia do presente" que se seguiram, minha vida pessoal estava envolvida em meu trabalho e meu trabalho estava envolvido em minha vida pessoal.

Viver e pensar no presente

Ocorreu o mesmo com minha pesquisa na comuna de Plozévet, na região de Bigouden, para onde fui conduzido pelo acaso. Por iniciativa e sob direção da Comissão Geral de Pesquisa Científica e Técnica (DGRST), uma grande pesquisa multidisciplinar estava sendo realizada nessa cidadezinha ao sul de Finisterra, mas tudo era compartimentado de acordo com as disciplinas, e os pesquisadores de cada uma delas evitavam colaborar entre si para não divulgar aos outros suas próprias informações. Georges Friedmann, meu protetor no CNRS, sugeriu então que eu fizesse uma pesquisa, e escolhi o tema multidisciplinar da modernização (ao mesmo tempo econômica, técnica, psicológica). Seduzido pela riqueza humana do lugar, decidi me instalar ali. Enquanto os outros pesquisadores se hospedavam em um hotel com calefação em Pont-Croix, aluguei uma pequena casinha rústica, com telhado de madeira e piso de terra batida, construída em uma falésia com vista para o mar, onde pude tratar de temas fundamentais, invisíveis ao sistema de separação disciplinar da DGRST, como: o papel das mulheres ("agentes secretos da modernidade"), as aspirações dos adolescentes à autonomia e os problemas da agricultura em crise, agravados pelo remembramento das terras. Vivi em Plozévet durante quase um ano, sempre evitando utilizar os questionários padronizados, integrando-me à vida de Bigouden, inventando um método de pesquisa ao vivo, adaptado ao ambiente local. Apesar de difícil de redigir, visto que era necessário organizar a massa de documentos acumulados, o livro foi escrito com muita alegria e satisfação. Terminei-o em Neauphle--le-Château, na casa de Marguerite Duras, logo depois de seu reencontro com meu querido Dionys Mascolo. Em 1967, a publicação de *Commune en France: la métamorphose de Plodémet* [Comuna na França: a metamorfose de Plodémet[112]] (o verdadeiro nome da cidade só foi indicado em edições posteriores), um texto evidentemente transdisciplinar, provocou a ira dos responsáveis pelo DGRST, que ameaçaram me acusar de "má conduta científica" por ter transgredido a compartimentalização do saber. Reagi com vigor e até mesmo contra-ataquei, mas depois o turbilhão do Maio

---

[112] Edgar Morin, *Commune en France: la métamorphose de Plodémet*, Paris: Fayard, 1967.

de 1968 dissipou meus detratores e minha cólera. O fato é que esse livro conservou uma má reputação, como se eu tivesse feito algo de ruim por ter feito algo muito bem-feito[113].

Surfei na onda do Maio de 1968. Não procurei de modo algum ser protagonista dos acontecimentos; meu desejo foi compreendê-los. Nem as mídias nem os próprios educadores tinham suas antenas voltadas para o mundo adolescente, que se agitou em Nanterre e veio a rebentar na Sorbonne, em Paris. Mas Bernard Paillard, um jovem colaborador e amigo fiel, fazia parte dessa onda e, por isso, consegui entrar em contato com alguns dos idealizadores do Movimento de 22 de março, verdadeiros agentes mobilizadores da comunidade estudantil. Enfim, assumindo os meus riscos intelectuais, o que sempre adorei fazer, escrevi no calor do momento duas séries de artigos no jornal *Le Monde*, que esclareciam os bons leitores atônitos a respeito dos acontecimentos e de seus significados.

Devo mencionar aqui que eu já escrevia no *Le Monde* desde a *"Nuit de La Nation"*, em 1963, quando consegui diagnosticar o sentido de uma manifestação juvenil em um *show* de *rock* organizado pela revista *Salut les copains* e pela emissora de rádio Europe 1 que degenerou em violência. Esse privilégio, que me permitia intervir quando eu sentia necessidade, inseria a minha vida pessoal na vida pública e política à minha maneira, com a minha liberdade, com a minha complexidade e sem filiação a nenhum partido ou seita. Designei esse modo de intervenção como "sociodiagnóstico": intervenho de forma impulsiva em um acontecimento surpreendente, desconcertante, e tento contextualizá-lo, compreendê-lo, visualizar suas possíveis consequências. Em 2014, reuni meus artigos no livro *Au Rythme du monde: un démi-siècle d'articles dans Le Monde* [Ao ritmo do mundo: meio século de artigos no *Le Monde*][114].

Tudo isso me ajuda a conhecer, o que me ajuda a pensar, o que me ajuda a viver. Viver, conhecer e pensar acontecem em circuito, jamais estão isolados.

Foi na Califórnia, entre 1969 e 1970, no Instituto Salk, em La Jolla, San Diego, que encontrei a plena simbiose entre meu conhecimento, meu pensamento e minha vida. Como mencionei antes, do ponto de vista intelectual, descobri os autores e a literatura que me permitiram gerar os

---

[113] Remeto o leitor ao prefácio que escrevi para a nova edição (Paris: Pluriel, 2013), no qual relato todo o caso.

[114] Edgar Morin, *Au Rythme du monde: un demi-siècle d'articles dans* Le Monde *(essai)*, Paris: Presses du Châtelet, 2014.

princípios do conhecimento complexo. Ao mesmo tempo, eu vivia uma vida de ternura com Johanne, minha segunda mulher, e Alanys, sua amiga indígena; e fiz com que meu pai e minha tia Corinne, agora sua esposa, me visitassem; convidei também minhas duas filhas e o casal Burguière, meus amigos. Eu vivia em comunidade e na felicidade, no estudo, nas festas, nos mergulhos cotidianos em grandes ondas, na participação em *park-ins*, nas gigantescas aglomerações humanas dos concertos de *rock* ao ar livre, nos reencontros com Hélène, minha irmã do coração, em São Francisco. A felicidade era tão incrível que os primeiros dias foram até mesmo angustiantes. Foi ali que, aos 50 anos, vivi um novo nascimento. Foi ali que nasceu o projeto, ainda desfocado, de *O Método*.

Já não era a obsessão apenas com o erro e com a ilusão que me guiava mas também com as lacunas de nossos modos de conhecimento, que permitiam sem trégua os erros e ilusões. Diante da complexidade do real, eu chegava indefeso ao problema de nosso conhecimento. Para tratar das insuficiências, das incapacidades e das imperícias do conhecimento, era preciso que eu me empenhasse no conhecimento do conhecimento, o que seria o tema fundamental de *O Método*.

Sem dúvida, a preparação e a redação de *O Método* foram uma obra intelectual. Mas elas foram fecundadas pela experiência permanente da ausência de fronteiras entre o viver e o conhecer. E a empreitada só foi possível porque o amor nutriu e forneceu a combustão que colocou minha usina de ideias em ação. Foi o amor ardente de Providência 1[115] que me indicou o lugar abençoado perto de Bolgheri[116] onde eu iria conseguir redigir meu trabalho. Foi o amor inesquecível de Providência 2[117] que me acompanhou com suas visitas semanais e estimulou o impulso extraordinário para que eu me consagrasse incansavelmente a uma tarefa desmesurada.

---

[115] Morin se refere à sobrinha de Simone de San Clemente (seu amigo e anfitrião na Toscana), com quem manteve um tórrido romance durante sua permanência em Figline Valdarno: "Idanna revelou-se um anjo de carne e osso. Ela me transmitiu ardor e alegria de viver; denominei-a Providência... Após duas semanas de plenitude, nos despedimos na plataforma da estação de Turim, ela rumo a Bali e eu a Paris". Cf. Edgar Morin, *Meu caminho, entrevistas com Djénane Kareh Tager*, trad. Edgard de Assis Carvalho, Mariza Perassi Bosco, Rio de Janeiro: Bertrand Brasil, 2010, p. 219. [N.T.]

[116] Bolgheri é um vilarejo italiano da comuna de Castagneto Carducci, província de Livorno, na Toscana, conhecido no mundo inteiro principalmente pela produção de grandes vinhos. [N.T.]

[117] Morin se refere aqui a uma segunda mulher, cujo nome ele não cita, com quem manteve um romance pouco antes de ir para a Toscana: "[...] Durante esse lapso de tempo, encontro na casa de minha vizinha, Michèle Manguin, uma mulher morena de olhos azuis, cujo olhar me faz palpitar o coração. Eu a revejo na manhã do dia seguinte na porta de meu imóvel, na Rue des Blancs-Manteaux... e eu a convido para me acompanhar à Toscana, ela me pede um tempo de reflexão, depois aceita. Partimos em meu Volkswagen, com livros, documentos e minha máquina de escrever. Essa foi minha segunda Providência. Ela me forneceu a combustão que pôs minha usina de ideias em atividade". Cf. *ibidem*, p. 220. [N.T.]

Redigi *O Método* com amor e no amor. Escrevê-lo foi como um parto pleno de sofrimento e de alegria.

Prosa e poesia da vida

Em minha filosofia, a dimensão existencial jamais deixou de estar presente, inclusive na época marxista. Senti muito cedo que, no fato de existir como indivíduo-sujeito, havia algo de irredutível ao nosso entendimento. Diferentemente daqueles que acreditam que Søren Kierkegaard[118] excluiu Hegel, o filósofo da existência subjetiva foi, para mim, o complemento antagônico de Hegel e o antídoto necessário aos sistemas abstratos. Minha subjetividade ativa sempre esteve presente em minha maneira de pensar, assim como minha maneira de pensar sempre esteve presente em minha subjetividade.

Durante a redação de *O Método*, fui capaz conectar as bipolaridades antropológicas *sapiens/demens, faber/religiosus, oeconomicus/ludens* e englobá-las na bipolaridade prosa/poesia, rememorando o verso de Friedrich Hölderlin: "É poeticamente que o homem habita a Terra". Mais importante do que a felicidade e o que condiciona toda felicidade é a qualidade poética da vida, que surge e se desenvolve em toda comunhão, em toda fraternização, em todo amor, em toda alegria, em todo maravilhamento, em toda criatividade, em todo dom, em toda brincadeira, que atinge sua realização suprema no êxtase poético. A prosa da vida recobre sobretudo o que é feito apenas por obrigação e coerção, às vezes por cruel necessidade de sobreviver. Mas a prosa e a poesia mantêm relações dialógicas frequentes. Em certas condições, descascar batatas pode ter seu charme, quando se pensa no prato de batatas assadas ao alho que gratificará essa tarefa ingrata. Isso me faz lembrar de um momento poético noturno em La Bollène-Vésubie[119], vivido sob as estrelas e a lua, quando eu ia depositar meu saco de lixo na lixeira municipal. Prosa e poesia são duas polaridades da existência, entre as quais há o misto e o neutro.

Mais uma vez se impôs para mim a relação complexa entre sobreviver e viver: é preciso sobreviver para viver, e, certamente, não viver apenas

---

[118] Søren Kierkegaard (1813-1855), filósofo dinamarquês, é considerado o precursor da filosofia existencial. Para ele, o homem é o construtor de sua própria realidade, responsável pelo significado de sua vida e por vivê-la de maneira íntegra, sincera e apaixonada, mesmo diante dos inevitáveis obstáculos. Sua produção literária aborda diversos temas da existência humana. [N.T.]

[119] Comuna francesa situada nos Alpes Marítimos. [N.T.]

para sobreviver. Como afirmou a neurologista Rita Levi-Montalcini, é preciso "pensar muito mais em aumentar a vida de seus dias do que os dias de sua vida". Existem momentos de oposição entre sobreviver e viver. Essa consciência me impulsionou a correr riscos mas também a encontrar a poesia do viver. Hoje, percebo o viver poeticamente como uma necessidade humana tão fundamental quanto a de ser reconhecido como ser humano integral e também como um dever ético do humanismo: "Faça de tudo para ajudar o outro a viver poeticamente". O que equivale à máxima de Heinz von Foerster sobre a liberdade: "Atue de modo que o outro possa aumentar o número de escolhas possíveis". Não existe apenas a liberdade política, existem a liberdade econômica, da qual os pobres e os desfavorecidos são excluídos, e a liberdade existencial de escolher seu próprio modo e estilo de vida.

No decorrer da redação do segundo volume de *O Método*, a noção de "sujeito" me surgiu não como algo ligado à consciência humana, mas como a própria condição de existir do ser vivo. Toda autoeco-organização viva implica um *cômputo*: uma computação de si e para si que, por um lado, envolve os processos internos do organismo, por outro, os dados e acontecimentos do mundo exterior. Dessa forma, todo ser vivo, do unicelular à sequoia e ao homem, se autoafirma ao se colocar no centro de seu mundo, ou seja, de um modo literalmente egocêntrico. Esse egocentrismo o obriga a se alimentar, a se defender, a satisfazer suas necessidades e seus desejos. O que o levaria ao egoísmo total se não existisse igualmente em todo sujeito vivo uma necessidade de religação com seu semelhante, de integração a uma comunidade, a um *nós*. Cada um de nós vive bipolarizado entre o *eu-sujeito* egocêntrico e o *nós* da integração comunitária. Precisei ainda de algum tempo para compreender que a aspiração humana essencial é a plenitude do *eu* na plenitude do *nós*. Essa compreensão tardia chegava como um reconhecimento retroativo de tudo o que inspirava e inspira minha vida: o florescimento de meu *eu-sujeito* no *nós* da amizade, da fraternidade e do amor. O sentido de *O Método* também é profundamente um sentido existencial e um sentido ético.

Viver sabiamente ou bem viver?

Cheguei, então, à questão da sabedoria. Fico estupefato quando alguém me considera um "velho sábio". É verdade que envelheci, mas será que tenho a sabedoria do "bom ancião"? Velhice é velhice, e pronto! Penso na frase de Oscar Wilde: "O que é terrível quando envelhecemos é que permanecemos jovens". Para mim, a velhice (e estou longe de ser o único) não anulou as curiosidades vivas da infância, as sempre presentes aspirações da adolescência (mas sem as suas ilusões), o impulso amoroso, a capacidade de assumir as responsabilidades próprias de um adulto. Aliás, tornei-me velho muito jovem, com a morte de minha mãe, quando eu tinha 10 anos, mas continuei infantil, o que ainda sou até hoje. Para mim, viver é ter em mim todas as idades da vida, é não perder a curiosidade, os desejos, os ardores, é ser simultaneamente criança, adolescente e adulto e continuar assim mesmo na velhice.

Na minha opinião, sabedoria não equivale a resignação, renúncia, abandono, rarefação da vida, enfraquecimento da energia vital. Reconheço, sem dúvida, que existe uma diversidade de sabedorias: a sabedoria estoica, que já de início se resigna ao inevitável; a sabedoria epicurista do *carpe diem*; a sabedoria budista, empenhada em reduzir o eu; as sabedorias iogues, nas quais uns seguem o caminho do amor, outros o do ascetismo; a sabedoria das vidas contemplativas.

Mas eu, que agora sei que a arte de viver demanda uma dialética permanente entre razão e paixão, não posso acreditar que a busca por uma vida comandada pela razão seja sábia, embora eu saiba que uma vida comandada pela paixão seja delirante. A dialética razão/paixão demonstra que, se existe sabedoria, ela deve conter alguma loucura. A oposição que pode advir entre viver e sobreviver nos diz que é preciso tentar viver poeticamente. A dialética razão/paixão nos adverte de que, sempre, ou a razão está em perigo ou é a paixão que está. O que há de irracionalizável na existência não poderia ser governado pela razão. Finalmente, a impossível busca pela sabedoria deve ceder seu lugar à busca do "bem viver".

Bem viver requer a ligação incessante e dialeticamente instável entre paixão e razão (não existe paixão sem razão nem razão sem paixão), bem viver não implica descartar o mito, a religião e a fé, mas sim evitar que os deuses Moloch[120], os deuses ciumentos e as ideias delirantes e assassinas, todos gerados em nossa mente, nos dominem como se fossem poderes superiores e exteriores.

---

[120] Na tradição bíblica, Moloch é o nome do deus ao qual os amonitas, uma etnia de Canaã, ofereciam seus recém-nascidos sacrificados, jogando-os numa fogueira. As Tábuas da Lei de Moisés proibiam expressamente o povo judeu de fazer o que se fazia no Egito ou em Canaã: "Não darás nenhum de teus filhos para os fazeres passar pelo fogo a Moloch, nem profanarás o nome de teu Deus" (Levítico, 18:21). Na linguagem moderna, Moloch refere-se a qualquer pessoa ou coisa que demande sacrifícios extremamente penosos. [N.T.]

Bem viver é sentir-se em plenitude consigo mesmo e com o outro. Tal florescimento do *eu* no *nós* é a aspiração que tem atravessado a história humana como um todo, mas que conheceu não mais do que alguns momentos de êxtase, coletivos ou pessoais. Ela permanece como a aspiração antropológica fundamental. O florescimento pessoal estava implícito na ideia anarquista, o do *nós* fazia parte da ideia comunista e o da sociedade estava incluído na ideia socialista. O conjunto dessas ideias, somado à ideia ecológica de florescimento da relação entre o homem e a natureza, constitui o tronco comum da aspiração ao bem viver, da aspiração à vida poética, da aspiração a um mundo melhor.

Estimulado pelo querer viver, o bem viver não suprime as angústias nem traz a euforia. Entretanto, assim como a vida, no sentido biológico do termo, é um rolo compressor que recalca incessantemente a morte, também a angústia da morte é recalcada pela intensidade do viver, pela participação no mundo, pela comunhão e pelo amor. O egocentrismo do *eu*, que tem horror à morte, é incessantemente recalcado pelo *nós*.

O bem viver invoca a poesia do viver, que envolve algo além de toda sabedoria e de toda loucura: o amor e o êxtase. O amor conduz ao êxtase, que conduz ao amor. O êxtase é o momento supremo do viver; nós o conhecemos no gozo do amor; aproximamo-nos dele por meio do encantamento, do maravilhamento, do deleite diante das obras sublimes da literatura, da poesia, da música e da pintura; acercamo-nos dele no deslumbramento diante do sol e da lua, do céu estrelado, da imensidão do mar, do majestoso Aconcágua.

A compreensão do mistério e da religação

Aproximamo-nos igualmente do êxtase quando o Mistério nos invade. O milagre do conhecimento é nos conduzir, para além do estado da complexidade, às fronteiras do Mistério. Tudo o que aprendemos sobre o Universo revelou a realidade como um mistério abissal, que nos parece tanto absoluto como fugaz: o mistério da vida na Terra, tão espantosa em seu nascimento e não menos espantosa em suas evoluções; o mistério do ser humano; o mistério da consciência. Desde então, somos circundados por insondáveis mistérios que se conectam em um grande e supremo Mistério. A poesia do viver inclui a presença do Mistério.

O amor e a poesia primam sobre a sabedoria, mas, ao mesmo tempo, expressam certa sabedoria. Se abandono o primado exclusivo da ideia de sabedoria na condução de nossa vida, eu a salvaguardo para nossa relação com o outro, pois, para mim, ela se identifica com a compreensão. O pensamento complexo é o antídoto da incompreensão quando ela se manifesta pela redução do outro ao seu pior aspecto, até mesmo à sua designação global como "canalha".

Antes mesmo de *O Método*, no decorrer da década de 1950, enojado pela proliferação ao meu redor da expressão "Ele é um canalha", proferida pelos comunistas, pelos anticomunistas e, sobretudo, pelos intelectuais, cuja cultura deveria tê-los afastado desse tipo de insulto, decidi eliminar essa palavra do meu vocabulário. Durante um evento em que meu amigo Claude Lefort abusava dela, comentei com ele que havia deixado de empregar esse termo. Ele me olhou espantado e irônico: "Quem você acha que é? Jesus Cristo?". E a expressão "Canalhas!" continuou a proliferar nos mais diversos contextos. A diabolização dos outros sempre prevalece. As mentes continuam a repugnar a complexidade e, por isso mesmo, a repugnar a compreensão. Contudo, compreender não é tanto perceber uma personalidade de maneira completa, mas sim percebê-la de maneira complexa, em sua diversidade e sua unidade. É assimilar seus múltiplos aspectos, sob a influência da cólera, do ódio, da amizade e do amor.

As pessoas que hoje são diagnosticadas como bipolares exibem de forma exacerbada uma dualidade presente em todos nós. Fiquei atônito com os estudos sobre pessoas com duplas e múltiplas personalidades, porque eu mesmo conheci e me senti atraído por mulheres assim. Eu adorava nelas a personalidade bondosa, amorosa, generosa e dedicada, depois descobria abruptamente que ali coexistia uma pessoa irascível, malvada e odiosa. Esses traços felizmente transpareciam apenas por algum tempo e, sem que se compreendesse o porquê, eram subitamente eclipsados por sua personalidade maravilhosa.

Em *X da questão – o sujeito à flor da pele*, livro no qual desenvolvi a teoria da multipersonalidade, compreendi que os casos patológicos do anjo que se transforma em demônio e depois volta a ser anjo eram a forma extrema de um fenômeno normal, encontrado em qualquer pessoa. Compreender o outro! Compreender que ele é *sapiens/demens*, *faber/mythologicus, oeconomicus/ludens*. Compreender que ele pode passar de um estado a outro, do estado racional ao estado delirante, do estado de bondade ao de maldade, do mesmo modo que uma partícula quântica pode se apresentar tanto como onda quanto como corpúsculo e estar potencialmente em vários lugares ao mesmo tempo. Compreender que, por mais orgulhoso que seja, todo ser humano é um miserável destinado ao sofrimento e à morte; o que deveria inspirar em cada um de nós a compaixão. Compreender que o outro nos é, ao mesmo tempo, semelhante e diferente; semelhante por sua qualidade antropológica fundamental de *Homo sapiens/demens*, por sua capacidade de júbilo e de sofrimento, diferente por sua singularidade, seu caráter, seus costumes e suas ideias.

Por seu caráter antirredutor, o pensamento complexo nos abre para a compreensão humana. Ele me mostra minhas carências e me faz compreender as carências do outro. Inspirado pela religação, ele é capaz de nos religar uns aos outros por meio da compreensão. O pensamento complexo, que reconhece que, quanto mais livre for uma sociedade, menos ela precisa de autoridade, porém mais ela corre o risco de decomposição, demonstra que o único remédio contra essa decomposição está no sentimento de solidariedade/responsabilidade interiorizado e enraizado na mente de cada indivíduo. A genialidade da religação guia o pensamento complexo, assim como guia o bem viver. Estender a religação à relação com o outro denomina-se fraternidade.

Religação! Desconhecida da língua francesa, até ser inventada pelo sociólogo Marcel Bolle De Bal, essa palavra ainda é ignorada pelos dicionários. Religação, que se tornou uma palavra-chave[121], não é uma palavra que implica uma lei única do Universo, já que o Universo comporta desordens, conflitos e desintegrações; tampouco é um termo que unifica nossos saberes, pois a religação supõe que a unidade integra e recobre uma dualidade, sem anulá-la. Essa palavra não explica tudo, pois tudo o que se explica também contém algo inexplicado ou inexplicável. Não obstante, é uma palavra-chave por guiar nossos saberes, nossos pensamentos, nossa vida: religar, religar sempre foi o princípio e a finalidade de *O Método*[122].

---

[121] Em uma entrevista, Marcel Bolle De Bal reiterou: "Existem palavras que episodicamente entram para o vocabulário, até mesmo de modo forçado. Depois, se diz: 'Veja só, aí está uma palavra que me convém perfeitamente'. Elas são como vírus. Assim que penetram no organismo e encontram o caminho favorável, eles se multiplicam... Foi o que aconteceu comigo com o vírus da religação... Essa palavra surge cada vez com mais frequência em minha fala e quando escrevo, o que significa que ela encontrou um terreno favorável e se multiplica como vírus". (Marcel Bolle De Bal, *Voyages au cœur des sciences humaines*, v. 1, *Reliance et théories*, Paris: L'Harmattan, 1996, p. 321.)

[122] Cf. Edgar Morin, *Introduction à la pensée complexe*, Paris: Seuil, 2005, p. 48: "Isso porque eu tinha como método tentar esclarecer os múltiplos aspectos dos fenômenos e tentar identificar as ligações mutáveis. Religar, religar sempre era um método muito mais rico, no próprio nível teórico, do que as teorias blindadas, epistemológica e logicamente encouraçadas, metodologicamente

A pré-história da religação está nas atrações, nas gravitações e nas imantações do Universo físico. Os ascendentes da religação estão nas comunicações e associações entre organismos unicelulares e, depois, nas associações e integrações das células nos organismos pluricelulares. A religação está inserida nas atrações e desejos sexuais, na comunicação entre os seres vivos da mesma espécie, vegetais e animais, nas hordas, grupos e sociedades animais, nas complementaridades a partir das quais se formam os ecossistemas. Ela se desenvolve em nossas amizades, nossas comunidades, nossos amores. Trata-se de uma palavra-chave ética e política, que nos convida a nos religar em escala planetária.

Quem sou eu? Minha vida e meus escritos jamais foram coisas separadas. Para mim, viver depende do livro, que depende do viver. Eu me produzi em meus livros, e meus livros me produziram. A obra de meu espírito é dedicada ao viver, e meu viver é dedicado à obra de meu espírito.

Durante a aventura de *O Método*, aprendi e compreendi os princípios do bem viver, embora nem sempre tenha conseguido aplicá-los:

- Viver poeticamente tanto quanto possível.
- Viver na curiosidade e no amor.
- Conservar a razão na paixão, conservar a paixão na razão.
- Conservar o sentimento místico do Mistério.
- Jamais cessar de buscar e de valorizar o sublime e o êxtase: amor, comunhão, poesia, música, maravilhas e mistérios da terra e do céu.
- Tentar sempre compreender e, sobretudo, compreender o outro.
- Aspirar à serenidade e à intensidade simultâneas.
- Aceitar a lição de Sísifo: recomeçar sempre até a morte.
- De maneira existencial, estética e ética, sentir em si mesmo o pertencimento ao cosmo e o pertencimento à vida, que nos singularizam, fazem de nós seres peninsulares, que participam da gigantesca e fabulosa aventura cósmica, bem como da aventura da vida.
- Emocionar-se, sofrer, sentir-se feliz de estar vivo entre os vivos.
- Maravilhar-se com os esplendores da vida e encontrar neles a energia para se revoltar contra os horrores.

---

aptas a enfrentar tudo, exceto, evidentemente, a complexidade do real". [Ed. bras.: *Introdução ao pensamento complexo*, trad. Eliane Lisboa, 5. ed., Porto Alegre: Sulina, 2015.]

6
O humanismo regenerado

Chego, então, à última confluência. Minha obra *O Método*, minhas propostas de reforma da educação e minha tentativa de revelar uma via para a humanidade não são apenas três faces da mesma aventura, elas convergem rumo a uma derradeira mensagem: o humanismo regenerado.

Os dois humanismos

No século XVI, o "humanismo" estava ligado ao estudo e à prática das humanidades, que estavam em pleno desenvolvimento na época. Em seguida, esse termo emigrou: deixou *as humanidades* para se concentrar na *humanidade*, o conjunto dos seres humanos.

Na civilização ocidental, o humanismo assumiu duas faces antinômicas.

A primeira foi a da quase divinização do ser humano, empenhado em dominar a natureza. Essa foi de fato uma religião em que o homem substituía o Deus deposto. Esse ser humano expressava as virtudes do *Homo sapiens/faber/oeconomicus*. O homem passou a ser considerado a medida de todas as coisas, a fonte de todos os valores, o objetivo da evolução. Ele se colocava como Sujeito do mundo e, como para ele esse era um mundo-objeto constituído de objetos, ele se considerava como soberano do Universo, dotado do direito ilimitado de manipular todas as coisas. É no mito de sua razão (*Homo sapiens*), nos poderes de sua técnica e no monopólio da subjetividade que ele baseou a legitimidade absoluta de seu antropocentrismo. Essa face do humanismo deve desaparecer. É preciso parar de exaltar a imagem bárbara, mutilante e imbecil do homem autocrático, sobrenatural, centro do mundo, objetivo da evolução, senhor da Natureza.

O outro humanismo foi formulado por Michel de Montaigne em duas frases: "Considero todos os homens como meus compatriotas" (*Ensaios*, III, 9) e "Os bárbaros não são mais maravilhosos para nós do que nós para eles" (I, 22). Montaigne praticou seu humanismo no reconhecimento da plena humanidade dos indígenas da América, cruelmente conquistados e escravizados, e na crítica àqueles que os escravizaram. Em Montesquieu, esse humanismo se enriqueceu com um componente ético: entre a pátria e a humanidade, é preciso escolher a humanidade[123].

---

[123] "Se eu soubesse de alguma coisa que me fosse útil e que fosse prejudicial à minha família, eu a eliminaria de minha mente. Se eu soubesse de alguma coisa que fosse útil à minha família, mas não à minha pátria, eu trataria de esquecê-la. Se eu soubesse de alguma coisa que fosse útil à minha pátria, mas prejudicial à Europa, ou que fosse útil à Europa e prejudicial ao gênero hu-

Enfim, esse humanismo tornou-se militante nos filósofos do século XVIII e encontrou sua expressão universalista na Declaração dos Direitos do Homem e do Cidadão. Esse humanismo reconhece, em seu princípio, a plena qualidade humana em cada ser de nossa espécie. Reconhece em todo ser humano uma identidade comum para além das diferenças. Ele subentende o princípio de Kant, que prescreve dar ao outro o que queremos para nós mesmos. Nele está implícito também o princípio de Hegel, de que todo ser humano tem necessidade de ser reconhecido pelo outro em sua plena humanidade. Ele exige o respeito do que se denomina a "dignidade" de cada ser humano, ou seja, não sujeitar alguém a um tratamento indigno. Mais tarde, esse humanismo seria revitalizado por uma energia de fraternidade e de amor, virtude evangélica laicizada.

Embora, por princípio, esse humanismo diga respeito a qualquer ser humano, ele foi monopolizado pelo homem branco, adulto e ocidental. Foram excluídos dele os seres considerados "primitivos", "atrasados", "infantilizados", cuja dignidade de *Homo sapiens* não foi reconhecida. Esses seres humanos foram tratados como objetos e dominados até as épocas bem recentes das descolonizações.

Não temos necessidade de um novo humanismo, precisamos de um humanismo revitalizado e regenerado.

O que surpreende é que, por mais atenta que tenha sido a respeito do ser humano, a cultura humanista não conseguiu saber exatamente o que ele é. Exceto pela obra de Pascal, que meditava sobre nossa situação entre dois infinitos, que se questionava sobre as espantosas contradições humanas e já formulava os princípios de uma antropologia complexa, os conhecimentos sobre o ser humano foram se tornando cada vez mais parciais, limitados, dispersos, compartimentados, marcados pela disjunção entre o material e o espiritual, entre o cérebro e o espírito. A cultura ocidental operou uma cisão radical entre o que é humano e o que é natural. Supostamente, Deus teria criado o homem à sua imagem e semelhança e o teria separado dos animais. Com a mensagem de São Paulo, o cristianismo reservou a ressurreição aos seres humanos, enquanto os animais foram condenados à decomposição total. No momento em que o Ocidente Europeu estava em pleno desenvolvimento da civilização técnica, econômica, capitalista e intelectual, Descartes formulou sua principal máxima disjuntiva, que dissociava o mundo

---

mano, eu a consideraria um crime" (em: *Œuvres complètes*, v. 1, Paris: Gallimard, 1963, p. 981).

espiritual, atribuído à filosofia, do mundo material, reservado à ciência. Ele tratou os animais como meras máquinas, sem sensibilidade e sem alma, e estabeleceu o princípio do humanismo sobrenatural, que situava o homem como "dono e senhor da natureza". Essa concepção, retomada por Georges-Louis Leclerc, o conde de Buffon, e depois por Karl Marx, se tornaria a ideia central de toda a civilização ocidental até os dias de hoje, quando começa a ser permeada pela consciência ecológica.

Os progressos dos conhecimentos sobre o ser humano obedeceram à disjunção; foram progressivamente separados e compartimentados à medida que as disciplinas se desenvolveram no século XIX. Ao homem espiritual da filosofia opõe-se o homem material da física e da biologia, que, segundo a afirmação de La Mettrie[124], é um homem-máquina totalmente determinado. O romantismo reagiu reintroduzindo o homem na natureza e a natureza no homem; exaltou a alma, o sentimento, o amor e a poesia, mas seria apenas um parêntese em um mundo em plena ascensão científica, técnica e econômica, consagrado ao poder e à conquista. As ciências acumulam conhecimentos sobre o ser humano, mas eles são compartimentados e separados uns dos outros por barreiras disciplinares. Atualmente, como ressaltou Martin Heidegger, jamais houve tanto conhecimento sobre o homem e jamais se soube tão pouco sobre o que é o ser humano: existe um buraco negro, um ponto cego em nosso conhecimento sobre nós mesmos. Nenhuma escola, nenhum liceu, nenhuma universidade ensina o que é o ser humano em sua complexidade e em sua globalidade. Continuamos a manter alternativas binárias entre uma visão da bondade natural do homem e uma concepção de sua maldade intrínseca.

As ciências humanas não veem senão o homem cultural, enquanto as ciências naturais só enxergam o homem biofísico. Fragmentos de conhecimento sobre o ser humano podem ser encontrados em todas as ciências, certamente na literatura e nas artes, mas jamais se alcançou um conhecimento complexo e global do ser humano.

Esse conhecimento, que me empenhei em desenvolver desde *O enigma do homem* até *A humanidade da humanidade* (quinto volume de *O Método*), permite reconhecer a complexidade humana. O humanismo

---

[124] Julien Offray de La Mettrie (1709-1751) foi um médico francês, considerado o primeiro materialista do Iluminismo. Para ele, as teorias que entendiam o homem como constituído de corpo e alma eram impossíveis de ser comprovadas empiricamente. La Mettrie reduziu o homem a uma máquina perfeita, com todas as funções realizadas pelo próprio corpo, na sua própria mecânica e organização. [N.T.]

precisa de um conhecimento pertinente do ser humano, ou seja, da complexidade humana.

A trindade humana

Em primeiro lugar, a definição de ser humano não pode se limitar à ideia de homem, nem mesmo se a mulher for incluída. O ser humano se define em três termos tão inseparáveis uns dos outros quanto os da Santíssima Trindade: ele é ao mesmo tempo um indivíduo, uma parte ou um momento da espécie humana e uma parte ou um momento de uma sociedade. Por isso, é trinitariamente (e simultaneamente) individual, biológico e social.

A trindade contém uma implicação mútua. O indivíduo está na espécie humana, mas a espécie humana também está no indivíduo: ela está presente nos seus genes, inclusive nos genes das células de seu cérebro humano; a mente não poderia emergir senão do cérebro humano, as palavras e as ideias dependem do funcionamento biológico desse cérebro. Dessa forma, a espécie está contida no indivíduo, não apenas o indivíduo na espécie. O sistema de reprodução da espécie produz o indivíduo, mas a espécie só pode continuar se dois indivíduos se acasalarem e produzirem um novo ser humano. Isso significa que o indivíduo é ao mesmo tempo produto e produtor da espécie, ele está inserido na espécie e a espécie está inserida nele.

De modo semelhante, o indivíduo está na sociedade, mas a sociedade também está nele. Desde o nascimento, a cultura da sociedade se introduz no indivíduo por meio da linguagem, das normas, das regras internalizadas por ele. Porém a sociedade só existe por causa das interações entre os indivíduos que a compõem: se todos os indivíduos de uma sociedade morrerem, em consequência de uma guerra nuclear, os edifícios e os monumentos podem permanecer, mas a sociedade deixará de existir. A sociedade depende dos indivíduos, assim como os indivíduos dependem da sociedade. Eles só podem ser efetivamente indivíduos humanos se receberem a cultura, a língua, os costumes. Por meio de suas interações, os indivíduos produzem a sociedade, e a sociedade, com sua linguagem e sua cultura, completa a produção humana dos indivíduos. Não temos apenas uma dupla dependência, mas uma dupla produção.

Como cada um dos elementos da trindade está inserido no interior dos outros, e cada um deles não é apenas produto, mas produtor dos outros, constata-se que o ser humano não é "um terço biológico", "um terço social" e "um terço individual", e sim cem por cento indivíduo, cem por cento social e cem por cento biológico.

Provém daí a primeira consequência de toda ação ou política humanista: ela não poderá reduzir o ser humano nem à espécie, nem ao indivíduo, nem à sociedade; ela não poderá esquecer nem a animalidade, nem a espiritualidade humana; ela não poderá dissolver o biológico na cultura, nem o cultural no biológico (e deverá, portanto, reconhecer a dupla realidade do sexo e do gênero, em vez de negar um por meio do outro). Ela deverá visualizar sempre o ser humano em sua tríplice realidade.

A segunda consequência é ética. A trindade humana cria três fontes de ética. A primeira vem do indivíduo, que deverá obedecer a uma moral, para sua própria honra, para sua própria dignidade, por seus próximos, por aqueles com quem ele vive concretamente. No entanto, se a sociedade em que ele vive é suficientemente democrática, ele também está sujeito a uma moral de direitos e de deveres em relação a ela, enquanto a sociedade é obrigada a respeitar os direitos e liberdades individuais. Afinal, como estamos na era planetária da globalização, na qual a humanidade inteira mantém uma relação de interdependência e compartilha uma comunidade de destino, também temos deveres em relação à humanidade. Essas éticas complementares podem se tornar antagônicas. A ética para si próprio e para os seus pode estar em contradição com a ética para a sociedade, e essas duas éticas estão em frequente contradição com a ética para a humanidade. Essa última é subdesenvolvida, vítima do fechamento das éticas comunitárias. A ética para a humanidade não está, entretanto, em contradição com as éticas comunitárias, devendo antes englobá-las na e por meio da concretização humanística.

Esclarecedora por si mesma, essa trindade pode nos esclarecer ainda mais a respeito da identidade humana.

Da mesma forma que o ser humano é um ser cultural, um ser psicológico e um ser que fala, ele também é um ser biológico, um primata bípede, de cérebro desenvolvido e mãos ágeis, um animal, um mamífero, um vertebrado, um ser pluricelular. Essas duas realidades permanecem, contudo, separadas em nossa consciência e em nossas instituições educacionais:

o cérebro é ensinado em biologia; a mente, em psicologia; e as ciências humanas excluem completamente a ideia do homem biológico. Essa disjunção traduz uma incapacidade de conceber nossa dupla identidade, que, ainda assim, é tão profunda – isso porque herdamos dos mamíferos uma afetividade que exacerbamos e herdamos também, como demonstrarei mais adiante, o laço indissolúvel entre inteligência e afetividade.

Não trazemos em nós apenas a animalidade biológica, trazemos a vida em sua forma primordial, que é celular. Somos constituídos de bilhões de células, irmãs e filhas de todas as primeiras células nascidas no planeta Terra. Isso significa que carregamos em nós a história da vida. Não temos consciência disso, mas doravante podemos adquirir essa consciência.

Além disso, nossos organismos vivos são máquinas físicas: funcionamos a uma temperatura de 37 °C e, como todas as máquinas, precisamos de energia para funcionar. A diferença entre as máquinas vivas e as artificiais reside no fato de que as máquinas vivas são auto-organizadoras e retiram energia de seu ambiente, enquanto somos nós que fornecemos energia e definimos o programa das máquinas artificiais que criamos.

Em meados do século XX, a biologia revolucionou nossos conhecimentos ao descobrir que as células vivas, portanto as do nosso organismo, eram constituídas não de uma determinada substância específica da vida, mas de um material físico-químico (aminoácidos e proteínas) presente no planeta Terra. Somos constituídos de macromoléculas, elas mesmas capazes de agregar as moléculas, que, por sua vez, são compostas de átomos, e o átomo de carbono, necessário à vida, se forjou em um sol anterior ao nosso, no encontro de três núcleos de hélio. Retrocedendo ainda mais no tempo, os astrofísicos descobriram que nossos átomos são constituídos de partículas provavelmente nascidas no início do Universo.

Carregamos em nós toda a história do Universo – 13 bilhões de anos – sem estarmos conscientes disso. No entanto, o fato de ter consciência reveste-se de uma importância epistemológica considerável, já que esses conhecimentos colocam em questão a disjunção radical entre o que é humano e o que é natural, ideia que prevaleceu na cultura ocidental. A partir de então, o humanismo não poderia mais ignorar nosso laço umbilical com a vida e com o Universo. Ele não poderia esquecer que o ser humano não é suprafísico nem suprabiológico, mas sim metafísico e metabiológico. Não poderia esquecer que a natureza está tão presente em nós quanto nós na natureza. O humanismo foi obrigado a reconhecer nossa identidade una e dupla. Tudo o que existe em nós de mais natural – nascer, comer, amar, morrer – é também o que existe de mais cultural: o nascimento e a morte estão cercados de ritos, a alimentação é revestida pela gastronomia e pela comensalidade, o amor é a unidade resultante de um acasalamento físico e de uma união psíquica.

O indivíduo complexo

A partir de Lineu[125], o ser humano passou a ser comumente definido como *Homo sapiens* pela razão, como *faber* pela técnica e, desde Adam Smith, como *Homo oeconomicus* pelo lucro pessoal. Nesse caso, também, é preciso abandonar as noções redutoras e parciais.

A razão humana desenvolveu-se de um modo fabuloso. Não se deve esquecer, porém, que *Homo sapiens* é também *Homo demens*: a loucura, o delírio, o descomedimento (a húbris dos gregos) não são qualidades limitadas a alguns infelizes trancafiados nos asilos de lunáticos, mas consistem em uma possibilidade permanente no ser humano. Em momentos de cólera, todos nós nos tornamos *Homo demens*; aqueles que cultivam uma ambição megalomaníaca, descomedida, são *Homines dementes*; na fé exaltada de nossa religião, de nossa ideologia, podemos nos tornar carrascos e monstros. As polaridades da razão e do delírio estão presentes no ser humano o tempo todo, e um dos pulos pode inibir o outro, provisória ou definitivamente.

A afetividade parece situar-se em um ponto intermediário entre delírio e razão. É preciso entender, contudo, que ela se encontra tanto no delírio quanto na razão. A partir de suas pesquisas no campo das imagens neurocerebrais, António Damásio[126] e Jean-Didier Vincent[127] descobriram que, quando um centro da racionalidade é ativado, ele imediatamente ativa um centro da emoção. Isso significa que não existe razão sem afetividade. O matemático que executa as operações mais racionais é movido pela paixão das matemáticas. O delírio corresponde a uma exasperação da afetividade capaz de romper qualquer controle emocional.

---

[125] Carl von Linné (1707-1778) foi um dos fundadores da Academia Real de Ciências da Suécia e é considerado o pai da taxonomia. [N.T.]

[126] Cf. António Damásio, *O mistério da consciência: do corpo e das emoções ao conhecimento de si*, trad. Laura Teixeira Motta, São Paulo; Companhia das Letras, 2000. [N.T.]

[127] Cf. Jean-Didier Vincent, *Viagem extraordinária ao centro do cérebro*, trad. Rejane Janowitzer, Rio de Janeiro: Rocco, 2010. [N.T.]

Sendo assim, o grande problema do ser humano é saber dialetizar razão e paixão. As paixões podem ser intensas, mas sob a condição de serem esclarecidas pela luz da razão; se não for assim, elas nos conduzem ao delírio do *Homo demens*. A razão não deve ser fria, e sim sensível. O ser humano só pode guiar sua vida em uma dialética permanente, sempre renovada, entre a paixão e a razão. Isso deve recomeçar a cada dia, diante de cada situação ou de cada nova ocorrência: não existe paixão sem razão, nem razão sem paixão.

Entretanto, nossa época se depara com o delírio de fanatismos que se multiplicam, a loucura das ilusões que se acreditam racionais, as cegueiras de uma racionalidade puramente técnica e econômica, que ignora as realidades profundas do ser humano. A partir de polos antagônicos – de um lado, a desumanidade da razão calculista, do outro, os delírios fanáticos –, propaga-se uma imensa camada de cegueira. Mais do que nunca, uma consciência humanista deve ser vigilante e ativa.

A consciência humanista deve saber também que o pensamento inovador e a verdadeira criação surgem frequentemente como loucuras para seus contemporâneos. O *Homo sapiens* e o *Homo demens* não estão sempre no lugar onde acreditamos que eles deveriam estar.

A verdade do *Homo faber*, o homem que fabrica instrumentos, o homem da técnica, tem se afirmado incessantemente, principalmente nos últimos séculos, quando a tecnologia humana se desenvolveu de uma forma fabulosa. Ela domesticou as energias materiais e produziu máquinas cada vez pais potentes. Atualmente, ela avança a passos de gigante na informática, na robótica, nas nanotecnologias, na cirurgia. Doravante aliada à ciência, a técnica é potencialmente transformadora da vida, da sociedade e da natureza. Pensadores como Jacques Ellul[128] e Martin Heidegger[129] observaram que a técnica não era mais o instrumento da humanidade tanto quanto a humanidade era instrumento da técnica. Desse modo, o *Homo faber* domina o planeta com o uso da técnica, ao mesmo tempo que é dominado por essa técnica.

---

[128] Jacques Ellul (1912-1994) foi autor de 58 livros e de cerca de mil artigos, que abordam principalmente o impacto da tecnologia na sociedade e a interação entre religião e sociedade. Atuou como líder na Resistência Francesa durante a Segunda Guerra Mundial. [N.T.]

[129] Cf. Martin Heidegger, "A questão da técnica", em: *Ensaios e conferências*, trad. Emmanuel Carneiro Leão, Gilvan Fogel, Marcia Cavalcante Shuback, Petrópolis: Vozes, 2001, pp. 11-38. [N.T.]

Não se poderia, porém, reduzir o essencial do *Homo* ao *Homo faber.* O *Homo faber* é uma polaridade à qual se opõe o *Homo imaginarius*, o homem imaginário que produz os sonhos do sono e os sonhos acordados, os fantasmas, os mitos e as religiões. O *Homo imaginarius* é nutriz do *Homo mythologicus* e do *Homo religiosus*. Desde os inícios da humanidade, antes mesmo do *Homo sapiens*, desde o *Homo neanderthalensis*, houve a crença em uma vida após a morte: os mortos eram enterrados com suas armas e seu alimento para que na outra vida continuassem a existir como espectros, ou então eram sepultados em posição fetal para renascerem como um novo ser vivo. Nas sociedades arcaicas, a crença em uma vida após a morte é universal e desenvolveu-se nas religiões históricas, como o cristianismo e o islamismo. Os espíritos, os gênios, os deuses, as entidades sobrenaturais estão presentes em todas as sociedades, e as mais evoluídas técnica e cientificamente, como os Estados Unidos, são também sociedades nas quais a religião é onipresente. O comunismo acreditava que a racionalidade ateia acabaria suprimindo a religião. Todavia, quando a União Soviética entrou em colapso, a religião ressurgiu ainda mais forte. Em muitos países árabes, é nas áreas científicas e nas escolas de engenharia, não nas universidades de letras ou de humanidades, que se desenvolvem as crenças fundamentalistas. Igualmente, o desenvolvimento do mito e da religião acompanha o progresso da técnica humana.

O mais extraordinário é que os deuses, produzidos pelas mentes de uma comunidade, adquirem forma, consistência e força; assumem uma existência que consegue dominar nossa realidade, exigindo preces e sacrifícios, dando ordens às quais obedecemos a ponto de aceitar morrer ou matar de acordo com suas exigências. O que é verdade para os deuses passa a ser verdade também para as ideologias, como ocorreu com o stalinismo ou com o maoismo, que foram, de fato, religiões terrenas. Pode-se morrer ou matar por uma ideia.

A mente humana não é capaz apenas das mais prodigiosas explorações técnicas, mas também das crenças mais assombrosas, que adquirem vida como se fossem independentes das mentes que as criaram; e, mais ainda, essas crenças acabam dominando as mentes. Não existe incompatibilidade entre as extraordinárias capacidades técnicas do ser humano e suas inesgotáveis capacidades mitológicas. A tecnociência conseguiu até mesmo se tornar um mito de salvação por meio do transumanismo, que atribui a ela a missão messiânica de ultrapassar a condição humana e ressuscita o mito da imortalidade.

A missão do humanismo é problematizar o futuro, e não aderir à concepção contemporânea dominante de que qualquer tipo de solução e qualquer salvação são de natureza técnica, ignorando a importância antropológica do imaginário, do mito, da religião. Ele precisa saber que, ao invés de conduzir ao enfraquecimento do religioso, a evolução histórica o reaviva. Isso porque o homem não é apenas esse senhor todo-poderoso das técnicas, ele também se mostra fraco e desarmado perante o sofrimento e a morte, é um ser frágil diante dos acasos e dos infortúnios da vida. Aliás, com sua sagacidade, Karl Marx identificou na religião não tanto uma superstição inventada pelos padres, mas "o suspiro da criatura oprimida".

No quarto volume de *O Método, As ideias*, considerei que a mente humana faz parte de uma esfera noológica, onde vivem, de forma autônoma e independente, os estados da mente – ideologias, crenças, mitos –, que, embora produzidos pela mente humana, adquiriram autonomia e se tornaram mediadores entre ela e o mundo.

O humanismo seria cego se ignorasse o religioso e o mitológico. Ele deve reconhecer a necessidade de fé, de crença, de esperança e, sem dúvida alguma, como veremos mais adiante, ele pode ser portador de suas próprias fé e esperança.

A noção de *Homo oeconomicus*, a terceira definição de ser humano, surgiu na Europa do século XVIII e se impôs como característica antropológica. *O Homo oeconomicus* é movido pelo lucro pessoal. É verdade que em nossa civilização o lucro pessoal comanda cada vez mais um grande número de comportamentos, em detrimento das relações de gratuidade e de solidariedade. *O Homo oeconomicus* é considerado um avatar do *Homo sapiens*, porque se pressupõe que ele deve agir racionalmente para maximizar suas satisfações.

Duvidemos dessa racionalidade. Sabemos o quanto o erro e a ilusão podem perverter uma decisão e uma ação. Sabemos que o indivíduo pode se enganar a respeito de seu verdadeiro interesse. Sabemos, também, que ele só pode se equivocar em relação àqueles que não são egoístas como ele. Sabemos, enfim, que a busca de satisfações econômicas pode culminar em uma profunda insatisfação.

Não basta, todavia, questionar a racionalidade do *Homo oeconomicus*. É preciso enxergar também que, embora hipertrofiado em nossa civilização contemporânea, esse *Homo oeconomicus* é uma polaridade do ser huma no, sendo a outra o *Homo ludens*, o homem do jogo, estudado pelo historiador Johan Huizinga. O jogo se situa fora da esfera da utilidade e da necessidade materiais. Como escreveu Huizinga: "A ambiência do jogo é o lugar do encantamento e do entusiasmo, quer se trate de um jogo sagrado ou de uma simples festa, de um mistério ou de uma diversão. A ação é acompanhada de sentimentos de arrebatamento e de tensão e implica alegria e descontração"[130]. Huizinga desenvolveu até mesmo a ideia de que somente o elemento lúdico torna possível a existência de uma autêntica civilização.

Os jogos são múltiplos. Em *Os jogos e os homens*[131], publicado em 1958, Roger Caillois criou uma tipologia. Os jogos de apostas poderiam ser aparentemente motivados pelo lucro, mas seu caráter aleatório, o risco de perder, a paixão e a embriaguez que provocam, por vezes até os limites da intoxicação (como em *Um jogador*[132], de Fiódor Dostoiévski), demonstram que a motivação não é o lucro, mas sim o risco e a sorte que estão no âmago dos jogos de azar, dos cassinos, das corridas. Hoje em dia, os esportes são parasitados pelo dinheiro, mas seus prêmios não se reduzem a ele: para os atletas, o objetivo principal é alcançar a glória; para o espectador, o essencial é o prazer, a emoção, a participação.

A intensidade do jogo conduz à intensidade do *eu*: viver intensamente é desfrutar a própria vida, até mesmo consumi-la e, assim, experimentar uma exaltação. O consumo satisfaz o *Homo oeconomicus*, a consumação exalta o *Homo ludens*.

Georges Bataille situou as noções de consumação e de dispêndio na essência de sua "economia geral", explicitada em *A parte maldita*[133], livro publicado em 1949. Nele, Bataille propõe uma "mudança copernicana" em relação às concepções racionais do primado da produtividade e de um mundo social regido pelo princípio do lucro acima de tudo. A *economia geral* opõe isso à ideia de que o dispêndio improdutivo prevalece na sociedade e afirma que um movimento inelutável condena periodicamente

---

[130] Johan Huizinga, *Homo ludens: essai sur la fonction sociale du jeu*, Paris: Gallimard, 1951, p. 217. [Ed. bras.: *Homo ludens: o jogo como elemento da cultura*, ed. rev., trad. João Paulo Monteiro, São Paulo: Perspectiva, 2019.]

[131] Roger Caillois, *Les Jeux et les hommes: le masque et le vertige*, Paris: Gallimard, 1958. [Ed. bras.: *Os jogos e os homens: a máscara e a vertigem*, trad. Maria Ferreira, Petrópolis: Vozes, 2017.]

[132] Ed. bras.: Fiódor Dostoiévski, *Um jogador: apontamentos de um homem moço*, trad. Boris Schnaiderman, São Paulo: Editora 34, 2004, pp. 11-128.

[133] Georges Bataille, *La Part maudite: essai d'économie générale – La consumation*, Paris: Les Éditions de Minuit, 1949. [Ed. bras.: *A parte maldita, precedida de "A noção de dispêndio"*, trad. Júlio Castañon Guimarães, Belo Horizonte: Autêntica, 2013.]

as sociedades ao jogo da dilapidação das riquezas. Esse movimento se expressa nas festas, nos sacrifícios das sociedades arcaicas, bem como nos gastos catastróficos, na consumação gloriosa das riquezas em excesso.

A contribuição de Bataille é muito importante, mas, ao rejeitar o *Homo oeconomicus*, ele oculta a bipolaridade *Homo oeconomicus/Homo ludens* que é preciso manter. Por meio das noções de *role-taking* e de *role-playing*, os sociólogos Raymond Boudon, François Bourricaud e Mohammed Cherkaoui demonstraram que a vida social implica uma parte de jogo quase teatral: o indivíduo se apresenta e age de uma maneira capaz de lhe assegurar prestígio ou posição social diante dos outros, ou então obedece a uma norma cultural de modo muitas vezes contrário aos seus interesses. Por isso, o jogo, o dispêndio, o excesso e o consumo são características especificamente humanas contrárias ao lucro material, à acumulação de bens, ao comportamento considerado racional do *Homo oeconomicus*. Em todas as sociedades, elas são antagônicas e complementares e alternam sua predominância na vida de cada um.

Às polaridades *sapiens/demens, faber/imaginarius, oeconomicus/ludens*, podemos acrescentar ainda mais uma: a polaridade entre a poesia e a prosa da vida.

A parte prosaica da vida abrange tudo aquilo que nos submete e nos constrange, tudo aquilo que somos obrigados a fazer, sem prazer nem interesse, somente para nos curvar diante das obrigações indispensáveis à nossa sobrevivência. Entretanto, como ressaltei anteriormente, sobreviver não é viver. Os surrealistas descobriram que a poesia não depende apenas da literatura, mas também da existência. Vivemos divididos entre a poesia e a prosa da vida. Pior do que isso: são muitos os seres humanos reduzidos à prosa da vida, que desfrutam apenas de fugazes momentos poéticos de felicidade, de amor, de fervor. Friedrich Hölderlin[134] afirmava que "o homem habita a Terra poeticamente", mas não se deve esquecer de que o homem também habita a Terra prosaicamente. O humanismo deve se empenhar em encontrar as vias para reduzir a parte de prosa e aumentar a parte de poesia na vida dos seres humanos.

---

[134] Friedrich Hölderlin (1770-1843), um dos fundadores da corrente filosófica conhecida como idealismo alemão, foi tradutor das obras de Sófocles e Píndaro. Portador de uma hipocondria grave, passou por períodos intermitentes de solidão e isolamento durante a vida e foi considerado louco. Seus poemas foram traduzidos por José Paulo Paes, em 1991, para a Companhia das Letras, São Paulo. [N.T.]

Ainda não conseguimos esgotar a complexidade do indivíduo humano. Precisamos agora considerar a bipolaridade na própria essência do que constitui o sujeito individual. O que é ser sujeito? É afirmar o seu *eu* ao se colocar no centro de seu mundo de maneira egocêntrica. Como já disse antes, esse egocentrismo é vital. A esse princípio egocêntrico associa-se, desde o nascimento, um outro princípio que se manifesta na necessidade do olhar, do carinho, da ternura do amor. O *eu* precisa do *nós*, e a realidade da subjetividade humana reside nessa relação entre o *eu* e o *nós*: o *eu* que é apenas egocêntrico se torna solitário e egoísta; mas, se o *eu* se dissolve no *nós*, perde toda a autonomia e torna-se completamente dependente. A relação *eu-nós* é complementar, concorrente e antagônica, ou seja, complexa. Os egoísmos encorajados pelo individualismo hipertrofiado de nossa civilização provocam o esquecimento, a negligência, o desinteresse do *eu* em relação ao *nós*, e desencadeiam ambições, a busca do poder, a sede do lucro.

Essa realidade tem sua contrapartida, algo que me surpreendeu enquanto eu escrevia *O homem e a morte*: a despeito de seu horror da morte, que é a perda do que eles têm de mais caro – seu *eu* –, os seres humanos são capazes, em determinadas condições, de dar e sacrificar a vida por um *nós* se for preciso proteger a família, defender a pátria, obedecer a um partido político, servir a uma religião.

Podemos compreender, portanto, que uma das missões do humanismo é provocar uma dialética permanente entre o *eu* e o *nós*, conectando o desenvolvimento pessoal à integração em uma comunidade e buscando as condições para que um *eu* floresça em um *nós* e para que o *nós* possa permitir que o *eu* floresça.

Percebe-se agora a extraordinária complexidade do ser humano que se encontrava completamente desintegrada pelas visões unilaterais (*oeconomicus, faber, sapiens*), reduzida a uma aparente racionalidade (da mente, da técnica, do lucro), o que é apenas uma racionalização, uma edificação lógica baseada em premissas arbitrárias ou parciais, que ignora as realidades profundas do ser humano, as quais são afetivas e existenciais.

Podemos reconhecer o conjunto de contradições humanas evidenciadas por Pascal em seu livro *Pensamentos*:

> Que tipo de quimera é então o homem? Que novidade, que monstro, que caos, que fonte de contradições, que prodígio? Juiz de todas as coisas,

verme imbecil, depositário da verdade, cloaca de incerteza e de erro, glória e rebotalho do universo.[135]

O problema não é desfazer, mas sim compreender o entrelaçamento entre *sapiens* e *demens*, *faber* e *imaginarius*, *oeconomicus* e *ludens*, prosa e poesia, *eu* e *nós*, em uma concepção multidimensional do ser humano. Foi a essa empreitada que me dediquei no quinto volume de *O Método*, *A humanidade da humanidade*. O problema é compreender e integrar a antropologia de Pascal, que reconheceu a humildade e a grandiosidade da condição humana, a vulnerabilidade do ser humano destinado à morte e a coragem que ele demonstra ao enfrentar seu destino. É entender que o ser humano, tão falível, miserável e condenado a vagar, tão sujeito ao erro e à ilusão, é possuído e trabalhado por uma genialidade quase delirante que, mesmo sendo interior, o ultrapassa.

Por isso, o nosso caminho nos conduziu:

- a romper com o mito do humanismo orgulhoso que concede ao homem o *status* de rei da natureza;

- a romper com as visões mutiladas, parciais, fragmentadas e redutoras do ser humano, que levam a ações e políticas mutiladoras;

- a romper tanto com a visão idealizada quanto com a visão degradada do homem;

- a conceber sempre o ser humano em sua realidade trinitária, espécie/indivíduo/sociedade;

- a conceber sempre o indivíduo humano como sujeito, inclusive e sobretudo quando é concebido também como objeto nas ciências humanas (é preciso romper com o homem objeto dos assujeitamentos, romper agora com o homem objeto do cálculo econômico, estatístico, político, visualizado como uma máquina de rentabilidade e competitividade);

- a reconhecer a complexidade humana e a situar o *Homo complexus* no centro do humanismo regenerado;

---

[135] Ed. bras.: Blaise Pascal, fragmento 131, *Pensamentos*, trad. Mário Laranjeira, São Paulo: Martins Fontes, 2005.

- a estimular cada pensamento cívico, cada pensamento ético, cada pensamento político a trabalhar para que os seres humanos possam viver plenamente o que existe de melhor em sua humanidade, mas também nos conduziu a não ignorar suas piores potencialidades.

Fica evidente que a ação humanista a serviço de um pensamento como esse se torna cada vez mais difícil e incerta. É importante lembrar que, em um universo complexo, qualquer decisão é uma aposta no escuro, qualquer ação corre o risco de ser desviada de sua finalidade e, como um bumerangue, atingir a cabeça de seu idealizador. Entretanto, é essencial saber responder a esses desafios com audácia e prudência, aliando o princípio de precaução ao princípio de risco. A ação é uma arte e seu único viático é o bem pensar.

As novas humanidades

Uma vez estabelecida a concepção complexa do ser humano, torna-se possível regenerar o humanismo.

Incialmente, é importante reafirmar o primeiro princípio humanista: o reconhecimento de todo ser humano, quem quer que ele seja e de onde quer que ele venha, em sua plena humanidade. Na verdade, esse princípio universal não foi universalizado. Os colonizados, os explorados e as mulheres eram considerados seres sub-humanos ou seres infantilizados que não tinham alcançado o estado adulto. Ainda hoje, centenas de milhares de subjugados, de explorados, de manipulados, de rejeitados, de guetizados e de desprezados têm sua humanidade negada. Temos de fazer desse princípio humanista, hoje, um princípio universal concreto.

Para chegar a isso, é essencial desenvolver uma cultura de novas humanidades. Essas novas humanidades devem efetivar uma ligação de retroalimentação entre a cultura de humanidades tradicionais (filosofia, literatura e artes) e a cultura científica contemporânea.

Em decorrência de um processo de separação desenvolvido no século XX, essas duas culturas hoje são disjuntas.

As humanidades tradicionais fundamentaram-se nos textos literários, poéticos e filosóficos oriundos da cultura greco-latina clássica e, depois, da própria literatura ocidental: essas humanidades estruturam um saber acerca do mundo, da natureza, do homem, da sociedade. Para o "homem mundano", esse saber constituía uma cultura antropocosmológica, que trazia em si os conhecimentos fundamentais sobre o destino do homem e sobre a natureza do mundo.

Esse saber é profano/laico, mas ele pode ou completar o saber religioso por meio de conhecimentos profanos; ou contestá-lo e se tornar uma base para a laicidade, substituindo as humanidades profanas pela teologia; ou, ainda, após o exercício corrosivo da dúvida e da crítica, retornar a Deus ao criticar a própria crítica. As humanidades são o campo no qual se confrontam, ao mesmo tempo, a fé, a dúvida, as crenças e as ideias.

A cultura greco-latina, que está na raiz da humanidade, progressivamente perdeu terreno em prol da parte moderna, na qual se desenvolveu um setor "ensaísta", tanto parafilosófico quanto paracientífico, que serviu de placenta para a dúvida crítica e para o racionalismo que floresceram no decorrer do século XVIII.

Tal cultura, como tudo o que é cultura, é dotada de generatividade; seus textos não irão evaporar e se dissolver nos fantasmas e nos sonhos; eles contêm orientações, normas, interditos. No entanto, a orientação principal é *a cultura da subjetividade, o incentivo à introspecção e à expressão*: adquirir, desenvolver e refinar sua própria sensibilidade estética e os próprios sentimentos, alimentar de imaginário a poesia dos amores reais etc. Impregnando essas humanidades estão as regras de ação, não apenas esquemas estéticos de gosto e esquemas de conhecimento mas também *padrões* culturais (que orientam e determinam a formação, a estruturação, a expressão de sentimentos, a sensibilidade e a personalidade). No século XIX, essa cultura se transferiu do mundo aristocrático para o do individualismo burguês.

Constituídas no celeiro do humanismo renascentista, essas humanidades se transformaram no celeiro do humanismo do século XIX, ou seja, da concepção que tem a ideia de homem como origem e como finalidade. Esse humanismo pôde se desviar do princípio vital concreto das humanidades clássicas ao se embasar na ideia abstrata, deificada e reificada do homem. Correlativamente, o racionalismo começou a se desenvolver, deixou de ser uma atitude crítica da fé religiosa e das autoridades incondicionais e se estabeleceu como concepção verdadeira do mundo e do homem, um guia pertinente para a ação; ele se expandiu por toda a sociedade por meio de múltiplas formas de racionalização (técnica, burocracia etc.).

O humanismo voltado para o sujeito ("a pessoa humana") e o racionalismo voltado para a organização e para a ação alcançaram o zênite da civilização.

Rejeitadas pela cultura científica, as humanidades clássicas reduziram cada vez mais sua dimensão. Elas já não podiam fornecer nenhum saber pertinente sobre o mundo, sobre a natureza e sobre a vida; não obstante dispusessem de alguma sapiência, de uma grande riqueza reflexiva sobre o homem – contrariamente à opinião geral em voga, a noção de homem originada dos autores clássicos, de Montaigne a Rousseau, passando, é claro, por Pascal, ainda é mil vezes mais rica do que a perda da ideia de homem no processo empírico, no saber disciplinar, no objetivismo desenfreado, no historicismo (que conhece apenas as épocas, não o homem), no sociologismo (que só conhece as sociedades, não o homem), no marxismo unidimensionalizado (que conhece apenas as classes sociais, não o homem); na antropologia moderna (que só conhece os seres humanos das sociedades arcaicas, ainda sem escrita).

Apesar disso, o humanismo não foi composto por humanidades científicas. Seja pelo afastamento do sujeito do campo consciente, seja pela hiperformalização e pelo esfacelamento disciplinar, a ciência dominante é incapaz de constituir tais humanidades.

Embora algumas ciências que passaram por revoluções no século XX, como a microfísica, tenham abandonado tanto o dogma do determinismo quanto o do reducionismo, embora novas ciências de característica transdisciplinar tenham surgido, como a cosmofísica, as ciências da Terra e, sobretudo, a ecologia, poucos cientistas ainda concebem a necessidade de uma ciência com consciência de si própria, ou seja, consciente das transformações históricas, ao mesmo tempo promissoras e perigosas, impostas à espécie humana no momento atual.

As ciências humanas não podem criar novas humanidades: de um lado, porque são incapazes de integrar as antigas; de outro, porque essas ciências não podem ser outra coisa senão mutiladas/mutilantes se forem fundadas nas compartimentalizações e disjunções da ciência clássica. No estado atual, elas são incapazes de elaborar uma visão do homem.

No mundo atual, é indispensável a criação de novas humanidades. Isso agora é possível com antropologia complexa, que concebe o homem simultaneamente como ser individual, social, biológico e físico.

As novas humanidades – e sua concepção do homem em sua plenitude complexa, integrando o biológico e o físico – permitem uma renovação da problemática do humanismo.

Encontramo-nos, portanto, *na terra de ninguém*, lugar impossível de cruzar no plano do antigo paradigma, onde não havia comunicação entre as duas culturas: existem pontes e comunicações, cujo ponto de referência são as novas humanidades, que permitem a comunicação entre o saber, o dever, a vontade, ou melhor, entre a ciência e a ação.

A cultura científica e a cultura humanista[136] são duas culturas de naturezas completamente diferentes. A cultura das humanidades é uma cultura geral que, a partir de obras dos antigos pensadores, como Heráclito, Platão e Lucrécio, bem como dos modernos, como Montaigne, Pascal, Vico, Goethe e Leopardi, permite refletir sobre nossa própria condição e sobre nosso próprio destino. A cultura científica é uma cultura de especialização na qual os conhecimentos são compartimentados; nela a capacidade reflexiva está ausente, exceto no caso dos grandes eruditos, que já chegaram ao fim de suas carreiras. Há um século, Edmund Husserl[137] já afirmava que havia um ponto cego no conhecimento científico, o que o tornava incapaz de perceber o sujeito que faz a ciência e de compreender a aventura incontrolada de uma ciência que, desde Hiroshima, apresentou a capacidade de aniquilação da humanidade. Mesmo cegas a respeito de si próprias, as ciências geraram conhecimentos indispensáveis às novas humanidades. De fato, o modo como enunciei a trindade humana só foi possível em razão do que as ciências físicas e a biologia (Darwin e, depois dele, a genética, a biologia molecular, a etologia animal, a ecologia) nos ofereceram há mais de um século. Nosso Universo, nossa vida, nossa pré-história humana nos foram revelados pelos conhecimentos científicos. Mas a ausência de comunicação entre as duas culturas faz com que falte à cultura científica hiperespecializada

---

[136] Cf. Charles P. Snow, *As duas culturas e uma segunda leitura*, trad. Geraldo Gerson de Souza, Renato de Azevedo Rezende, São Paulo: Edusp, 1995.

[137] Edmund Husserl (1859-1938) foi um dos fundadores da escola fenomenológica em filosofia. Ele rompeu com a orientação positivista que circundava a filosofia e a ciência de seu tempo, influenciando com suas ideias o cenário da filosofia do século XX. Seu último escrito, *A crise das ciências europeias e a fenomenologia transcendental*, continua extremamente atual no século XXI. [N.T.]

a reflexividade característica da cultura das humanidades, que, por sua vez, se assemelha a um moinho de vento girando em falso porque não chegam até ele os grãos dos conhecimentos científicos.

Dito de outra forma, as novas humanidades devem integrar os dados das ciências, conservando as capacidades reflexivas e meditativas oferecidas pelas humanidades.

O Renascimento foi uma época fabulosa, de gente como Leonardo da Vinci, Michelangelo, Pico della Mirandola, Marsílio Ficino, Erasmo de Roterdã, mentes grandiosas, transdisciplinares, metadisciplinares, policompetentes, que eram, ao mesmo tempo, filósofos, por vezes inventores, físicos e biólogos, como da Vinci. O pensamento do Renascimento empenhava-se em religar os conhecimentos sobre o ser humano aos conhecimentos sobre a vida e sobre o Universo. Esse pensamento era antropobiocosmológico. O que precisamos hoje é de um renascimento do Renascimento, alimentado pelos saberes científicos adquiridos desde então, sobretudo a partir do século XIX.

O conhecimento complexo do ser humano funda as novas humanidades. Esse conhecimento associa os dados das ciências (naturais e humanas) aos das humanidades. Ele permite conceber a humanidade a partir de uma antropobiocosmologia. Essas novas humanidades constituem um dos dois troncos da humanidade regenerada.

A razão sensível, aberta e complexa

> *A tarefa é [...] ampliar nossa razão para*
> *torná-la capaz de compreender o que em nós e*
> *nos outros precede e excede a razão.*
> Maurice Merleau-Ponty

A razão sensível e complexa é outro tronco cognitivo do humanismo regenerado.

Como já vimos, é preciso renunciar à redução do conhecimento e da ação ao cálculo e repudiar a razão fria, que obedece incondicionalmente à lógica formal. Não só devemos seguir o axioma "não há razão sem paixão, não há paixão sem razão" como nossa razão deve ser sempre sensível a tudo o que afeta os seres humanos.

Mais do que isso, a razão sensível deve integrar nela o amor. O amor é a relação intersubjetiva mais forte e mais bela que se conhece. O amor pela humanidade ultrapassa as relações entre indivíduos, irriga o mundo das ideias, dá substância à ideia de verdade, a qual perde seu significado sem o amor pela verdade; ele é o único complemento possível da liberdade, sem o qual a liberdade se torna destruição. Por meio de uma relação indissolúvel e complexa, o amor deve ser introduzido no princípio da racionalidade. Ele deve ser um componente vital dessa nova racionalidade.

Nossa racionalidade deve ser complexa. Ela não poderia se reduzir ao racionalismo, concepção para a qual todo real é inteligível racionalmente. Essa inteligibilidade se alicerça na coerência das ideias, obtida pela obediência à lógica clássica: dedução, indução e exclusão da contradição.

A racionalidade complexa sabe que existem realidades que escapam à inteligibilidade racional. Ela conhece os limites da indução (Karl Popper[138])e os limites da dedução (Kurt Gödel[139]). Ela reconhece que todo grande avanço do conhecimento chega a contradições. Sabe que a lógica é um instrumento de verificação útil para verdades setoriais e compartimentadas, mas que não consegue acessar as camadas mais profundas da realidade.

Como vimos em *As ideias*:

> Nenhuma lógica capaz de definir as condições formais da verdade pode determinar os critérios de verdade, nem o sentido do conceito de verdade.
>
> Não se pode manter a ligação rigorosa (de fato rígida) entre lógica, coerência, racionalidade e verdade, *quando se sabe que uma coerência interna pode ser racionalização (delírio)*. É preciso abandonar toda esperança, não

---

[138] Originalmente publicado em 1962, com sucessivas edições no Brasil, sempre pela editora Perspectiva, *A estrutura das revoluções científicas*, de Thomas Kuhn (1922-1996), é um marco da filosofia da ciência e mostra a importância das revoluções paradigmáticas para o futuro dos saberes. [N.T.]

[139] Como demonstra o famoso paradoxo do cretense, a determinação racional da verdade pode ser até mesmo totalmente desorientada no nível silogístico inferior. (Na lógica aristotélica, uma proposição não pode ser verdadeira e falsa ao mesmo tempo. Epimênides criou um paradoxo ao afirmar que "Todos os cretenses são mentirosos", pois, sendo ele cretense, seria, portanto, um mentiroso e, dessa forma, sua afirmação seria uma mentira. [N.T.])

apenas de realizar uma descrição lógico-racional do real, como também, e sobretudo, *de fundar a razão unicamente na lógica*[140].

A racionalidade complexa, que, por seu próprio movimento, religa os saberes, religa também o que é humano à vida, à natureza, ao planeta, ao Universo. Ela é a abertura para o mundo.

A racionalidade complexa tem consciência das perversões inerentes à razão: a racionalização e a razão instrumental.

A racionalização constrói concepções lógicas a partir de premissas inexatas ou arbitrárias. A razão instrumental coloca a racionalidade a serviço dos poderes de opressão e de morte.

Enfim, a insuficiência da lógica nos impele a ligar a racionalidade à busca de metapontos de vista. Para Alfred Tarski, determinar a verdade ou a falsidade dos enunciados de uma determinada linguagem requer sempre uma linguagem de ordem superior, ou uma metalinguagem, que permitirá que se definam a verdade e a falsidade dos enunciados da linguagem que se tornou objeto. Para Gödel, existem proposições verdadeiras que não podem ser comprovadas no sistema a que pertencem, mas que podem ser comprovadas em um metassistema. Para Popper, uma proposição empiricamente comprovada pode ser provisória ou localmente válida. A verdade racional e a verdadeira racionalidade dependem, então, de metapontos de vista plausíveis e críticos, e não de um sistema que seria ao mesmo tempo empiricamente comprovado (limites popperianos) e logicamente assegurado (limites gödelianos). Daí se originam duas consequências capitais: *a verdadeira racionalidade reconhece seus limites e é capaz de lidar com eles (metaponto de vista), por isso pode, de certa maneira, ultrapassá-los, reconhecendo que existe um algo mais que permanece irracionalizável.*

Finalmente, não é mais possível dissociar da razão aquilo que é, ao mesmo tempo, arracional, infrarracional, hiper-racional: o amor. O amor, cuja primeira origem é a atração física; cuja primeira emergência vital é a relação entre a boca do pequeno mamífero e o seio de sua mãe; o amor, que é uma relação sujeito-objeto que não pode ser totalmente objetivada nem subjetivada, mas que é objetivamente a mais forte relação intersubjetiva

---

[140] Edgar Morin, *Les idées: leur habitat, leur vie, leurs moeurs, leur organisation*, Paris: Seuil, 1991, p. 208. [Ed. bras.: Edgar Morin, *O Método 4, As ideias: habitat, vida, costumes, organização*, trad. Juremir Machado da Silva, Porto Alegre: Sulina, 2008.]

já conhecida; o amor, que em seu mito é "conhecimento" (o "eles se conheceram" no sentido bíblico da expressão); que na humanidade ultrapassa as relações entre indivíduos, irriga o mundo das ideias, dá substância à ideia de verdade, que não significa nada sem o amor pela verdade; o amor é indissociável da mais alta complexidade; ele pode ser, como já afirmei anteriormente, a única forma de comunicação capaz de impedir que o hipercomplexo se desintegre na desordem; é o único complemento possível da liberdade, sem o qual a liberdade se torna destruição. O amor deve ser instaurado em uma relação indissociável e complexa com o princípio da racionalidade. Deve ser um componente dessa nova racionalidade.

Quando conhece seus próprios limites, a racionalidade complexa é uma abertura para os mistérios do mundo.

É possível ver, então, o esboço das características da nova razão, sensível, amorosa, aberta, incerta, vital, aporética, complexa, antirracionalizadora. A Razão passará a não guiar mais: será necessário guiar a razão para que ela possa guiar. É inútil esperar um verdadeiro avanço do homem e da sociedade sem um trabalho revolucionário da razão sobre a própria razão. Como observou Cornelius Castoriadis: "A transformação da sociedade que nosso tempo exige se revela inseparável de um empenho da razão de ultrapassar a si própria"[141].

O humanismo regenerado implica uma racionalidade regenerada e, doravante, está apto a evitar as miopias e as cegueiras de uma racionalidade estreita e fechada[142].

Realismo e utopia

A partir de agora, podemos complexificar as noções de realismo e de utopia.

Existem dois realismos. O primeiro acredita que o real presente é estável. Ele ignora que o presente é sempre trabalhado por forças subterrâneas, como a velha toupeira de que fala Hegel, que finalmente desloca um terreno que parecia firme. Esse realismo acredita que a ordem e a organi-

---

[141] Cornelius Castoriadis, *Les Carrefours du labyrinthe*, Paris: Seuil, 1998, p. 285. [Ed. bras.: *As encruzilhadas do labirinto*, trad. Carmen Sylvia Guedes, Rosa Maria Boaventura, Rio de Janeiro: Paz e Terra, 2008.]

[142] Cf. "Para uma racionalidade aberta", p. 117 deste livro.

zação da sociedade e do mundo em que ele se encontra são intangíveis. Como costumava dizer Bernard Groethuysen[143] ao evocar o realismo de adaptação ao presente: "Ser realista, que utopia!".

O segundo realismo, o verdadeiro, reconhece que o presente é o momento de um devir. Ele tenta detectar os sinais, sempre falíveis no início, que anunciam as transformações. Nesse caso, o realismo dos anos 1930 deveria ter captado os sinais enviados pelos laboratórios de Enrico Fermi e de Frédéric Joliot-Curie sobre as possibilidades de utilização da energia do átomo. O realismo de 1970 deveria ter examinado os sinais enviados pelo Relatório Meadows[144] sobre a degradação da biosfera e, a partir deles, previsto as consequências. Quando a sociedade está em transformação, o pequeno realismo limita-se a acompanhar a mudança, ou mesmo a corrigir um pouco os seus efeitos. Contudo, ele não quer nem pode visualizar a possibilidade de transformar essa transformação. O grande realismo, por sua vez, tenta conceber os processos transformadores do presente a fim de utilizá-los ou de modificá-los. Ele tenta colocar em ação ideias que parecem utópicas para os realistas oficiais. O grande realismo sabe que o improvável é possível e que o inesperado geralmente acontece.

Da mesma forma que existem dois realismos, também existem duas utopias. A "má" utopia é aquela que quer estabelecer a harmonia e a perfeição, eliminando todos os conflitos e todas as perturbações. A União Soviética estabeleceu com perfeição a utopia de um socialismo de quartel. Nada, porém, é mais mortífero do que a perfeição. A "boa" utopia é irrealizável no momento presente, mas ela dispõe de possibilidades técnicas e práticas de realização no futuro: instituir uma ordem internacional para estabelecer a paz na Terra entre as nações e alimentar todos os habitantes do planeta. Essa utopia vai ao encontro da grande aspiração humanista, que sempre foi considerada utópica e que devemos retomar: construir um mundo melhor.

---

[143] Bernard Groethuysen (1880-1946) foi um importante filósofo que se empenhou em superar as fronteiras da história e da sociologia, renovando o estudo das mentalidades e das experiências do mundo. Groethuysen foi responsável pela divulgação das obras de Friedrich Hölderlin e de Franz Kafka na França. [N.T.]

[144] Donella H. Meadows et. al., The Limits to Growth, Nova York: Universe Books, 1972. Ed. fr.: Halte à la Croissance?, Paris: Fayard, 1973. (Em 1968, Aurelio Peccei, empresário da Fiat, e o cientista escocês Alexander King organizaram um encontro com pessoas de destaque em diversas áreas para discutir o futuro das condições humanas na Terra. O grupo, conhecido como Clube de Roma, pediu a uma equipe de cientistas do Instituto de Tecnologia de Massachusetts (MIT), liderada por Dennis e Donella Meadows, para elaborar um relatório intitulado Os limites do crescimento. O objetivo era abrir as discussões ambientais para que as pessoas começassem a questionar o modelo de economia e a exploração praticados na época, que, de acordo com o relatório, em cem anos esgotariam as reservas naturais do planeta. Hoje, décadas depois de sua publicação, muitos temores levantados pelo relatório se provaram legítimos. [N.T.])

Entretanto, mesmo se esse mundo pudesse existir, ele não seria irreversível. Nada que se adquire é irreversível, nem a democracia, nem os direitos humanos. Nenhuma conquista da civilização é definitiva. O que não se regenera degenera. Leon Trótski acreditava na revolução permanente; devemos é praticar a regeneração permanente.

A verdadeira arte do realismo é estratégica, e não programadora. A ecologia da ação nos ensina que toda ação, a partir do momento em que é introduzida em um ambiente que ela deve modificar, pode ser modificada por esse ambiente, pode ser desviada de sua finalidade e, até mesmo, culminar no contrário de sua intenção.

A estratégia é capaz de se modificar de acordo com as informações, com as aleatoriedades e com os contratempos experimentados no decorrer da ação. Ela conecta a adaptação ao real à vontade de ultrapassá-lo, introduz em si própria finalidades ainda utópicas. O verdadeiro realismo excede o mau realismo e ignora a má utopia. Por isso, renunciar ao melhor dos mundos não significa renunciar a um mundo melhor.

O humanismo planetário e a revitalização ética

O humanismo incluía a ideia de progresso e estava incluído nela. Desde Condorcet, o progresso passou a ser considerado a lei a que a história humana obedeceria. Parecia que razão, democracia, progresso científico, progresso técnico, progresso econômico e progresso moral eram coisas inseparáveis. Nascida no Ocidente, essa crença se manteve e até mesmo se propagou pelo mundo, a despeito dos terríveis desmentidos propagados pelos totalitarismos e pelas guerras mundiais do século XX. Em 1960, o Oeste prometia um futuro harmonioso, e o Leste, um porvir radioso. Esses dois futuros desmoronaram logo antes do fim do século, substituídos pelas incertezas e angústias. No progresso, a fé não reside mais nas promessas do futuro, mas em suas possibilidades.

Nesse sentido, o humanismo regenerado se propõe a buscar a hominização pela humanização, introduzindo nela os imperativos antropoéticos. "Façamos o homem à nossa imagem, conforme a nossa semelhança."[145]

---

[145] *Gênesis*, 1:26.

O humanismo regenerado é essencialmente um humanismo planetário. O humanismo anterior trazia consigo um universalismo potencial. Faltava-lhe, porém, essa interdependência concreta entre todos os seres humanos que compartilham uma comunidade de destino, algo que a globalização criou e que continua a se expandir.

Como a humanidade está agora ameaçada por perigos mortais (multiplicação das armas nucleares, desencadeamento de fanatismos e multiplicação de guerras civis internacionalizadas, degradação acelerada da biosfera, crises e desregramentos de uma economia dominada pela especulação financeira), a vida da espécie humana e, inseparavelmente, a vida da biosfera tornam-se um valor primordial, um imperativo prioritário. A ética da vida deve ser a resposta para o perigo de morte.

Logo após a Segunda Guerra Mundial, o filósofo Karl Jaspers[146] declarou: "Se a humanidade quiser continuar a viver, ela tem que mudar". Hoje em dia, o principal problema da vida tornou-se a prioridade de uma nova consciência, e isso exige uma metamorfose.

O humanismo regenerado bebe conscientemente das fontes antropológicas da ética.

Presentes em toda a sociedade humana, essas fontes são a solidariedade e a responsabilidade. A solidariedade em relação à própria comunidade suscita uma responsabilidade, e a responsabilidade suscita a solidariedade. Essas fontes continuam presentes, mas parcialmente esgotadas e ressequidas na nossa civilização, que está sob o efeito do individualismo, da dominação do lucro e da burocratização generalizada. O humanismo deve mostrar a necessidade de revitalizar a solidariedade e a responsabilidade de ampliar a hominização em humanização, ou seja, de permitir o progresso humano.

Enquanto a solidariedade e a responsabilidade continuam limitadas a comunidades restritas ou fechadas (família, pátria), o humanismo de um Montaigne e de um Montesquieu já conferia a elas um sentido humano universal. Esse universalismo só se concretiza, porém, com a comunidade de destino planetária. O humanismo regenerado demanda que, além de serem praticados incessantemente nas comunidades exis-

---

[146] Os escritos de Karl Jaspers (1883-1969) empenharam-se em desvendar as relações entre existência e razão e em investigar o conceito de verdade. Para Jaspers, a verdade depende da ambiência em que ocorre e não é imanente a nenhum tipo de proposição. [N.T.]

tentes, os princípios de solidariedade e de responsabilidade também se estendam à comunidade de destino planetária. Mais do que isso, diante do fato de que as comunidades tendem a sufocar os indivíduos e de que o individualismo tende a desintegrar as comunidades, o humanismo deve assumir conscientemente a grande aspiração que permeia toda a história humana: inserir a pessoa no seio de uma comunidade, florescer o *eu* no florescimento do *nós*.

A consciência planetária culmina enfim na ideia de Terra-Pátria. Como escrevi em livro homônimo[147], este planeta perdido na imensidão do Universo, que nos abriga – seres humanos minúsculos – sobre a fina película de vida que o envolve, é, no entanto, um mundo, o nosso mundo. Este planeta é ao mesmo tempo nossa casa e nosso jardim. Os pré-historiadores Mary, Louis e Richard Leakey, Yves Coppens e Michel Brunet nos fizeram descobrir os segredos de nossa árvore genealógica e de nossa carteira de identidade terrestre; podemos reconhecer nossa mátria terrestre a partir do momento em que as sociedades dispersas sobre o globo se tornaram interdependentes e em que coletivamente se manifesta o destino da humanidade. A tomada de consciência da comunidade de destino terrestre deve ser o acontecimento-chave de nosso século. Somos solidários neste planeta e com ele. Somos seres antropobiofísicos, filhos deste planeta. Ele é nossa Terra-Pátria.

A realização da humanidade em Humanidade, a nova comunidade englobante de nossa Terra-Pátria e a metamorfose da humanidade são as faces da nova aventura humana desejável e possível. Sem sombra de dúvida, o acúmulo de perigos e a velocidade da nave espacial Terra – cujos motores são os desenvolvimentos incontroláveis da ciência, da técnica, da economia – tornam essa aventura improvável. Mas a improbabilidade não significa impossibilidade. São tantas as reformas que parecem simultaneamente necessárias – econômicas, sociais, pessoais e éticas –, que parece impossível mudar de via. Todas as novas vias conhecidas pela história humana foram inesperadas, resultantes de desvios que puderam se enraizar, virar tendências e forças históricas.

Por toda parte no mundo, surgem miríades de germinações, fluem incontáveis pequenas correntes que, ao se encontrarem, irrigarão nascentes que poderão se tornar rios, os quais poderão se unir na confluência de um

---

[147] Edgar Morin, Anne-Brigitte Kern, *Terre-Patrie*, Paris: Seuil, 1993. [Ed. bras.: *Terra-Pátria*, trad. Paulo Neves, Porto Alegre: Sulina, 1996.]

grande rio. Desse rio poderá surgir um mundo convivial cooperativo, solidário e desintoxicado do consumismo, no qual o dinheiro será um meio, e não um fim, no qual as zonas rurais se tornarão fazendas agroecológicas, no qual as cidades serão despoluídas e desestressadas e o desprezo e a humilhação não terão mais lugar. Essa é a frágil esperança, mas devemos compreender que a aposta e a esperança devem tomar o lugar das certezas.

Nosso futuro atual traz em si os germes de duas metamorfoses. A primeira, na verdade improvável, como indicamos, culminaria em uma sociedade-mundo que se tornaria a Terra-Pátria.

A segunda é o transumanismo, fundamentado em probabilidades fortes que há vinte anos ainda eram desconhecidas: o prolongamento da vida humana sem envelhecimento, graças às células-tronco presentes em nosso organismo; o desenvolvimento de uma simbiose cada vez mais íntima entre o homem e os produtos de sua técnica, principalmente com as máquinas informáticas, cada vez mais aptas a adquirir características humanas, inclusive, quem sabe, consciência. Tudo isso abre um universo de ficção científica no qual efetivamente a condição humana se metamorfosearia em uma super-humanidade. O transumanismo se transformou em um mito capaz de predizer que o homem iria alcançar a imortalidade. Nem os vírus nem as bactérias mortais serão eliminados, menos ainda o serão os acidentes e as catástrofes; a Terra morrerá. O Sol morrerá. O Universo morrerá.

Esses avanços científicos e técnicos só serão positivos se coincidirem com um progresso humano que seja, simultaneamente, intelectual, ético, político e social. Se não for acompanhada pelo progresso humano, a metamorfose da condição biológica e técnica do homem agravará ainda mais problemas que já são tão graves: o crescimento das desigualdades entre os ricos e poderosos e os pobres e excluídos, sendo os primeiros os únicos beneficiários da prolongação da vida; o problema do reconhecimento dos direitos humanos para os robôs pensantes, uma vez que eles seriam dotados de consciência. A possibilidade da metamorfose tecnocientífica transumanista exige necessária e instantaneamente a metamorfose psicológica, cultural e social que nascerá de uma nova via nutrida por um humanismo regenerado.

Para terminar, incluo um último componente da consciência humanista tal como, em minha opinião, ela deve estar presente em cada um de nós.

Ser humanista não significa apenas pensar que fazemos parte dessa comunidade de destino, que somos todos seres humanos, mesmo que sejamos todos diferentes, não é apenas querer escapar da catástrofe e aspirar a um mundo melhor, mas é também sentir profundamente em si mesmo que cada um de nós constitui um momento ínfimo, uma parte minúscula de uma extraordinária epopeia que, embora dê continuidade à aventura da vida, começou há 7 milhões de anos uma aventura hominizante, com uma multiplicidade de espécies que se cruzaram e se sucederam até a chegada do *Homo sapiens*, que, na época do Cro-Magnon e de suas magníficas pinturas rupestres, já continha o cérebro de Einstein, de Leonardo da Vinci, de Adolf Hitler, de todos os grandes artistas, filósofos e criminosos, um cérebro à frente de sua mente, um cérebro à frente de suas necessidades.

Sem dúvida alguma, nosso cérebro possui capacidades que ainda somos incapazes de identificar e de utilizar.

Há 50 mil ou 100 mil anos, teve início uma primeira globalização, com a dispersão e a diversificação cultural de miríades de pequenas sociedades de caçadores-coletores espalhados pelo globo terrestre. Como, a partir dessas microsociedades, puderam surgir, nos cinco cantos do mundo, as sociedades históricas, os grandes impérios da Antiguidade – como o sumério, o hindu, o chinês e o maia? Essa aventura da história é, em si própria, uma aventura extraordinária de criações e de destruições, de misérias e de grandiosidades. O Império Romano, que parecia inalterável e invulnerável, desmoronou, fato que se tornou objeto de meditação nos séculos seguintes. Após um grande retrocesso civilizatório em um pequeno canto da Europa a partir do século XV, eis que surgiram os conquistadores, e algumas pequenas nações – Espanha, Portugal, França e, ainda que mais tarde, sobretudo a Inglaterra – começaram a dominar o mundo. Com a descolonização e com a implosão da União Soviética, o final do último século foi repleto de acontecimentos surpreendentes. Prosseguimos ainda nessa aventura inacreditável, com suas possibilidades científicas que são ao mesmo tempo as mais maravilhosas e as mais assustadoras. Na minha opinião, o humanismo não é apenas o sentimento de comunhão e de solidariedade humanos, é também o sentimento de fazer parte dessa aventura inacreditável e a vontade de que ela continue e passe por uma metamorfose, da qual poderá nascer um novo devir.

Sou indivíduo, sujeito, ou seja, sou quase tudo para mim e quase nada para o Universo, sou um fragmento ínfimo e infirme da antroposfera da qual participo, mas algo forte, como uma espécie de instinto, une o que existe de mais íntimo em minha subjetividade a essa antroposfera, ao destino da humanidade. Participo desse infinito, desse inacabamento, dessa realidade tão fortemente entremeada de sonho e de sofrimento, de alegria e de incerteza, que faz parte de nós, assim como nós fazemos parte dela...

Nessa aventura desconhecida, sou parte integrante de um grande ser, ao lado de mais de 7 bilhões de outros seres humanos, do mesmo modo que uma única célula é parte integrante de um corpo humano entre centenas de bilhões de células – há mil vezes mais células em um ser humano do que seres humanos sobre a face da Terra.

Faço parte dessa aventura incrível, ela mesma parte da aventura extraordinária do Universo. Ela carrega em si a ignorância, o desconhecido, o mistério, a loucura na razão, a inconsciência na consciência; como eu também carrego em mim a ignorância, o desconhecido, o mistério, a loucura, a razão da aventura.

A Aventura é mais incerta do que nunca, mais aterrorizante do que nunca, mais estimulante do que nunca.

Caminante, no hay camino, se hace camino al andar.[148]

---

[148] Caminhante, não há caminho; o caminho se faz ao andar. [N.T.]

Para uma racionalidade aberta[1]

---
[1] Este texto origina-se de um manuscrito intitulado "O Método de *O Método*", que, ao longo das sucessivas reelaborações do plano geral de *O Método*, foi deixado de lado.

Inicialmente vamos distinguir algumas noções:

O racionalismo é a ideologia da pertinência universal da razão para todo conhecimento e todo comportamento, segundo a qual tudo o que existe tem sua razão de ser: há adequação entre a inteligibilidade racional e o ser do mundo.

A razão se define pela coerência lógica de uma ideia ou de uma teoria e por sua adequação à experiência.

A racionalidade é a maneira de pensar baseada no uso da razão.

A racionalidade fechada é um tipo de racionalidade que só obedece à lógica clássica e ignora ou nega tudo aquilo que a excede.

A racionalidade aberta é uma maneira de pensar racional que reconhece os limites da razão, enfrenta as contradições e está aberta para o que é considerado irracional ou arracional.

Na psicologia, a racionalização designa uma construção lógica, mas delirante, feita a partir de fantasmas ou de fatos mal interpretados; na sociologia e na economia, ela significa a utilização de métodos racionais com finalidades utilitárias ou eficazes (organização do trabalho), ou mesmo para fins homicidas e criminosos (a guerra, os campos de extermínio nazistas). Nesses últimos casos, a racionalidade é instrumental (Adorno--Horkheimer) e está a serviço da racionalização.

Retomemos a noção de razão. De fato, as definições estabelecidas nos parágrafos anteriores são insuficientes. A razão organiza uma constelação conceitual que forma um sistema, cuja fonte são o paradigma da ordem e o da objetividade.

Consideremos o esquema abaixo:

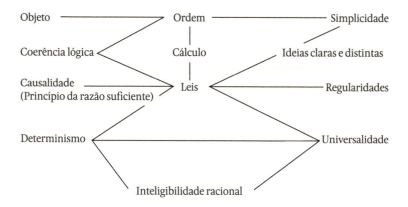

Definida dessa maneira, a razão é *um sistema de organização dos conhecimentos* que a princípio se beneficia do privilégio da cientificidade, uma vez que, na ciência clássica, leis, causalidade e determinismo aparecem não como postulados ou hipóteses do sujeito, mas como qualidades constitutivas do mundo objetivo.

Isso implica afirmar que a inteligibilidade racional se justifica como reflexo do ser e da verdade do mundo. Os dois fundamentos da ciência clássica são exatamente estes: de um lado, a experiência, cuja verdade suprema se realiza na experimentação; do outro, a inteligibilidade dessa experiência, que deve se traduzir em termos racionais.

A articulação entre o empírico e o racional, no entanto, não é imediata nem natural: de certo modo, é preciso manipular e simplificar a realidade empírica para que ela seja racional (rejeitar traços considerados contingentes); é preciso também, para cada experiência que modifica uma concepção racional já consolidada, produzir uma nova teorização racional; ou seja, precisamos fabricar uma racionalidade *ad hoc*, que leve em conta esse perigoso termo que é a racionalização. O pensamento anglo-saxão logo se deu conta de que a articulação entre o empírico e o racional não poderia ser absolutamente perfeita nem totalmente satisfatória e, de maneira prudente, preferiu não hipotecar a própria essência do real, deixada fora de alcance (já que a ciência oferece as possibilidades de operar, de prever e de manipular). Em decorrência disso, foi possível viver em dois planos, dois setores, duas ordens de verdades. Com frequência, o homem ocidental se espanta com o modo de viver e de se vestir do japonês, que se comporta como um ocidental no ambiente de trabalho e age como um japonês tradicional quando volta para casa. No Ocidente, porém, essas dualidades se traduzem de outra maneira. Tanto na Inglaterra como nos Estados Unidos podem conviver na mesma pessoa o padre puritano e o cientista, e na França um indivíduo pode ser, ao mesmo tempo, cientista e religioso, como Pasteur ou, nos dias atuais, o astrofísico Trinh Xuan Thuan[2].

Foi na França e na Alemanha que a razão se consolidou como *racionalismo*: visão de mundo na qual o mundo é evidentemente racional. O ser do mundo obedece a uma legislação universal de ordem.

Na França, a racionalização do Universo é extremamente pobre: na melhor das hipóteses, ela se assemelha a um grande relógio, que obedece a leis mecânicas que regem um mundo-coisa, repleto de coisas. Na Alemanha, houve um esforço filosófico-romântico imperativo e absoluto a fim de fazer coincidir o real e o racional, mas o real era visto como Natureza, e o racional, por sua vez, devia ultrapassar a lógica abstrata e, efetivamente, irracionalizar-se na dialética.

Uma vez que a razão superior (*Vernunft*) se colocou acima da razão inferior, ou entendimento (*Verstand*), que é a razão do racionalismo clássico, se operou uma espécie de fantástica coincidência entre o real e o racionalismo dialético, origem da máxima hegeliana no prefácio de *Princípios da filosofia do direito*[3], de 1820, "Tudo o que é real é racional; tudo o que é racional é real".

Em sua pretensão hegemônica, a razão abrange tanto um sistema de conhecimento quanto a realidade à qual ele se aplica; ela funda a adequação da ideia ao objeto, ou seja, a verdade. Todavia o ímpeto racionalista não para por aí. Ele se lança sobre o indivíduo, fixa-se nele, transforma-se em guia ético e no princípio de organização de sua vida. De fato, como o *Homo* é *sapiens*, sede e depositário da razão, ele se liberta desse pseudojulgamento e cria uma ética racionalista, que consiste em obedecer à razão e em se deixar guiar por ela em qualquer forma de conduta.

---

[2] Trinh Xuan Thuan (1948-) é um astrofísico vietnamita-estadunidense com importantes contribuições que entrelaçam filosofia, ciência e poesia. Para Trinh, o Universo é o lugar onde o infinito se manifesta. Em 2009, recebeu o prêmio Kalinga da Unesco e, em 2012, o prêmio mundial Cino Del Duca pelo conjunto de sua obra e por sua divulgação na França. Cf. Trinh Xuan Thuan, *O agrimensor do cosmo*, entrevista concedida a Edmond Blattchen, trad. Maria Leonor Loureiro, São Paulo: Unesp; Belém: Eduepa, 2002. *Le Cosmos et le lotus*, Paris: Albin Michel, 2011. *Désir d'infini: des chiffres, des univers et des hommes*, Paris: Fayard, 2013. [N.T.]

[3] Ed. bras.: Georg Wilhelm Friedrich Hegel, *Princípios da filosofia do direito*, trad. Orlando Vitorini, São Paulo: Martins Fontes, 1997.

Foi na França que se desenvolveu a concepção ampliada da *Aufklärung*: a razão iluminista, a razão que guia a humanidade. A razão torna-se o grande mito unificador do saber, da ética e da política. É preciso viver de acordo com a razão, ou seja, repudiar os apelos da paixão e, posto que no conceito de razão existe o princípio de economia, a vida segundo a razão deve estar em conformidade com os princípios utilitários da economia burguesa. A sociedade também exige ser organizada de acordo com a razão, isto é, segundo a ordem. Uma razão como essa é liberal, pois, uma vez que se supõe o homem como naturalmente racional, pode-se optar não apenas pelo déspota esclarecido (considerado razoável por todos os seus súditos, que, por ainda serem imaturos, não são suficientemente racionais) mas também pela democracia e pela liberdade, que permitirão que a razão coletiva se expresse e que a razão individual (reprimida e perseguida pela religião e pela superstição) floresça.

Esse racionalismo é muito belo, mas não tem *vida*. Vida é o sentimento, a afetividade, o amor. O primeiro a compreender e a sentir isso foi Jean-Jacques Rousseau, o autodidata marginal que percebeu o caráter asfixiante da rarefação racionalista. Esse foi o ponto de partida do romantismo, uma gigantesca reação contra a absolutização, o fechamento e a mumificação da razão em todos os domínios e que, a partir de então, iria servir de antídoto, de repúdio permanente ao racionalismo como refúgio e reserva de juvenilidade e feminilidade na civilização masculina adulta e burguesa.

Paralelamente, a Revolução Francesa reconciliou o Iluminismo com Rousseau, mas atribuiu uma religiosidade à razão: culto ao Ser supremo[4], culto à deusa Razão. Contudo, no fantástico ímpeto de criar uma sociedade racional, o momento exato em que se constrói o culto da razão coincide com o Terror[5]. Em perigo, a Revolução luta contra seus inimigos mortais usando a guilhotina e as execuções. Em *O século das luzes*[6], livro publicado em 1962, o escritor e músico cubano Alejo Carpentier traçou um quadro inesquecível de um acontecimento no qual a razão triunfou

---

[4] A descristianização da França e os massacres perpetrados pela extrema esquerda jacobina provocaram a reação de Robespierre, que estabeleceu o culto ao Ser supremo. Influenciado por Rousseau, ele acreditava que havia um fundamento metafísico nos ideais republicanos e nos princípios revolucionários. Robespierre morreu na guilhotina em 1794. [N.T.]

[5] Entre setembro de 1793 e julho de 1794, na França, as garantias civis foram suspensas e o governo revolucionário, controlado pelo partido jacobino, perseguiu e assassinou seus adversários. O que inicialmente era uma perseguição velada aos girondinos tornou-se uma perseguição geral a todos os "inimigos" da Revolução. [N.T.]

[6] Alejo Carpentier, *Le Siècle des lumières*, Paris: Gallimard, 1977. [Ed. bras.: *O século das luzes*, trad. Sérgio Molina, São Paulo: Companhia das Letras, 2004.]

ao se autodestruir. Os jovens românticos alemães, que haviam sonhado com a revolução emancipadora, se sentiram alijados, e foi neles e por meio deles que se começou a tomar consciência de algo que todos devemos continuar a buscar: a descoberta dos laços ambíguos e fundamentais entre o racional e o irracional.

Dessa forma, a razão jamais conseguiu se estabelecer como mito inteiramente soberano do Ocidente, como aquele que controla e guia simultaneamente o conhecimento, a moral e a ação. Na verdade, a razão deixa imensos setores irracionalizados, obscuros. Ela continua, no entanto, a ser o núcleo paradigmático do Ocidente, sempre cultiva o sonho, a esperança de uma vida e de uma sociedade racionais e, sobretudo, se empenha em um gigantesco processo de racionalização da sociedade, que vai desde a organização do Estado até a organização da vida cotidiana. O que escapa a essa racionalização é precisamente o que nos permite suportá-la, assim como o sonho é o que nos permite suportar as violências a que fomos submetidos no dia anterior.

O que nos falta agora é reconhecer que a razão sempre foi insuficiente, que a razão passou por numerosas crises e atualmente vive a maior dentre elas, que já é distante o tempo em que Ernest Renan idealizava a ciência e a razão guiando a humanidade rumo ao progresso infinito. Entretanto é preciso também reconhecer que a razão é profunda e multiplamente enraizada.

Houve uma intensa identificação entre economicismo (já me referi à afinidade secreta entre o princípio "racional" da economia e o racionalismo), tecnicismo e burocratismo. Uma vez que o desenvolvimento econômico-técnico-burocrático foi e continua a ser a marca registrada das sociedades ocidentais e que a "sociedade industrial" surgiu como concretização da racionalidade social, o Ocidente – sob o ponto de vista sociológico, cultural e civilizacional – converteu-se em sinônimo de racionalidade em oposição às outras sociedades, consideradas infrarracionais (subdesenvolvidas), "atrasadas", "primitivas", ainda sociologicamente infantis, malformadas ou anormais. Porque, nas sociedades ocidentais, tudo o que resiste à racionalidade foi identificado como protesto juvenil, sentimentalidade feminina ou reivindicação marginal (anomia); a razão se transformou em emblema e privilégio do homem branco adulto técnico ocidental.

122

O irracionalizado

A razão, enquanto sistema de conhecimento, é incapaz de apreender o sujeito como ele é, exceto se circunscrevê-lo como *Homo sapiens*, ser racional, o que faz com que seja possível manter uma subjetividade vazia (não afetiva) e rejeitar como inassimilável uma imensa parte da realidade, ou seja, *tudo o que depende da complexidade*:

- o singular, o individual (que são esmagados pela generalidade abstrata);
- o concreto (contingente), o existencial (sempre afetivo, portanto subjetivo e desrazoável);
- tudo o que não é submetido ao princípio estrito de economia, de eficácia, como o dispêndio, a dilapidação, a festa, o *potlatch*[7], a dádiva, a destruição, os quais o racionalismo considerou irracionalidade de seres não totalmente razoáveis ou, ainda, formas balbuciantes, débeis, da economia;
- o jogo (que se racionaliza como aprendizagem ou como meio agradável de realizar uma performance que, se puder ser quantificada como uma façanha, se transforma em um modelo, uma norma etc.);
- tudo o que denominamos trágico, sublime, derrisório, tudo o que é humor, amor, dor... O irracionalizado, o irracionalizável é rejeitado como irracional, pura contingência, espuma das coisas; se não puder ser exorcizado mentalmente, ele então aparece como ameaça, perigo; a poesia e a estética podem ser toleradas e consideradas como divertimentos, mas não podem ter valor de conhecimento, de verdade;
- a desordem e o acaso, que contêm necessariamente o absurdo, a anarquia, que é preciso refutar e combater.

Existe uma constelação do irracional, na qual cada termo remete a outro, na qual a paixão remete à desordem e à loucura, e o obscuro, ao perigo...

Tudo isso pode ser mais ou menos compreendido e tolerado como sendo algo que caracteriza a criança, o louco, o neurótico, a mulher, o artista, o primitivo. O irracional é reenviado ao arcaísmo, ao infantilismo, à feminilidade e, no limite, à demência.

---

[7] Sistema simbólico de troca de colares e braceletes que integrava os circuitos culturais dos trobriandeses do Pacífico Ocidental, na Nova Guiné, analisados por Malinowski em 1922, considerado um clássico do funcionalismo antropológico. Cf. Bronisław Malinowski, *Argonautas do Pacífico Ocidental*, trad. Anton Carr, Lígia Cardieri, São Paulo: Ubu, 2018. [N.T.]

De fato, a parte simultaneamente embrionária e obscura, etérea e onírica, afetiva e subjetiva da realidade humana (e, sem dúvida, da realidade do mundo) foi a parte maldita/parte bendita da poesia e das artes... Razão pela qual o racionalismo padece de uma carência inaudita em relação ao que são o sujeito, a afetividade, a existência, a complexidade, a vida...

O componente arracional e antirracional da ciência

Acima de tudo, o que a razão não pode compreender é que ela mesma contém algo de obscuro. Em seu livro *Teoria analítica das probabilidades*, publicado em 1812, Laplace[8] afirmava: "A razão humana passa por menos dificuldades quando avança do que quando se retrai em si mesma".

Quando isso ocorre, a razão se fecha, se desfaz... Ela absorve a ideia crítica, mas não dispõe de nenhum princípio de autoexame, de autocrítica.

Por outro lado, a razão recobriu suas relações com a ciência de um amplo manto de euforia. Não foi senão nesses últimos anos que se compreendeu que o desenvolvimento da ciência, longe de se identificar com o racionalismo, corresponde a uma mistura instável e complexa de desracionalização/rerracionalização. A escolástica medieval era um tipo de racionalização que impedia qualquer recurso à experiência: ou a experiência confirmava a ideia e, portanto, era inútil ou ela a contradizia e estava errada. A ascensão científica foi produto de mentes experimentais, calculadoras e místicas, como Kepler[9], e o primeiro avanço da ciência efetivou-se por meio de uma vasta desracionalização do saber, até então baseado no *órganon* aristotélico (*A lógica*). "Não se pode afirmar que ao longo da história o racionalismo tenha sido a principal força progressista na sociedade. Sem sombra de dúvida, isso ocorreu em certas ocasiões, mas em outras não, como na Europa do século XVII, quando foi a vez de os teólogos místicos oferecerem ajuda em larga escala aos homens de ciência"[10].

De fato, a ciência progrediu em uma dupla tensão entre empirismo e racionalismo, na qual a primazia dada à experiência destruía as teorias racionalizadoras, que depois foram sucedidas por um novo esforço de racionalização.

---

[8] Pierre Simon Laplace (1749-1827) foi matemático, astrônomo e físico. Ele é considerado o fundador da teoria das probabilidades. [N.T.]

[9] Johannes Kepler (1571-1630), astrônomo, astrólogo e matemático, celebrizou-se pela formulação das leis fundamentais da mecânica celeste, conhecidas como "leis de Kepler". [N.T.]

[10] Joseph Needham, *La Science chinoise et l'Occident*, Paris: Seuil, 1973, p. 119.

Quando não é a experiência que tem a última palavra, mas sim a razão, esta emprega os meios de tortura para submeter o real à sua lei. A razão fratura os membros, esmaga as articulações, relega o real ao esquecimento e, finalmente, faz com que ele *confesse* a verdade que ela lhe ordena revelar.

A ambiguidade: racionalidade/racionalização

Surge agora uma primeira e profunda ambiguidade na noção de razão. Se o racionalismo é concebido como uma atitude crítica em relação às crenças arbitrárias e às superstições e como uma vontade de fundar qualquer tipo de proposição na lógica, ele também fornece a todo conhecimento e a todo pensamento esse elemento indispensável de controle: a racionalidade.

O racionalismo pode dissimular o que Joseph Gabel[11] designou por "racionalismo mórbido", uma tendência aparentemente racional caracterizada pela identificação, pela espacialização e pela reificação[12]. O racionalismo mórbido é a redução absoluta do objeto à objetividade, à identidade, ou seja, a exclusão do tempo (que perturba e modifica a identidade e a substancialidade dos objetos) e a exclusão do sujeito.

A redução da razão a ela mesma, seu fechamento em si, a eliminação de tudo que não se curva diante dela é um verdadeiro delírio. Esse delírio é exatamente a racionalização, no sentido psiquiátrico do termo, a construção lógica – aparentemente racional – baseada em uma premissa absurda ou fantasmática.

Se a tendência natural da razão é expulsar o aleatório, o tempo e o sujeito, então basta uma desregulação na relação empírica para que, de método de pensamento (com certeza bastante limitado), ela se transforme em delírio. De resto, a visão de mundo em que o irracionalizado é considerado pura aparência, escória e ilusão já é em si mesma uma loucura – que coincide com a lógica absoluta.

A racionalização é a lógica que se assume inteiramente como sendo o real. Já vimos muitas retomadas desse tipo de racionalização: todo pen-

---

[11] Embora fortemente influenciado pelo marxismo, Joseph Gabel (1912-2004) foi um crítico ferrenho do stalinismo. Seus trabalhos procuraram sintetizar e analisar as ideologias e a teoria marxista da alienação. Foi também um ácido crítico do marxismo clássico e estruturalista de Louis Althusser. [N.T.]

[12] Joseph Gabel, *La Fausse Conscience: essai sur la réification*, Paris: Les Éditions de Minuit, 1962, p. 27.

samento focado de modo integral em uma realidade viva que não inclui em sua identidade a alteridade do ecossistema, sua contradição potencial e sua brecha é um tipo de lógica completamente louca.

Um outro aspecto inquietante da racionalização é a justificação do que existe. Como o racionalismo postula que o real é racional, busca-se racionalizar tudo o que parece evidentemente real: tudo o que acontece, o que dura, o que triunfa *deve ser* racional, posto que é real. Acaba-se por considerar racional tudo o que existe e que, sem o benefício do tempo, teria passado por demencial. Nietzsche afirmou isso muito bem: "Todas as coisas que duram muito se impregnam progressivamente de tanta razão que parece incrível que elas possam ter tido sua origem na desrazão"[13]. Ocorreu o mesmo com a vulgata democrática das ideias de fraternidade e de igualdade, que parecem racionais, embora sejam de origem mística: de fato, o racionalismo só integra as ideias igualitárias e fraternitárias se essas lhe parecerem dotadas de bom rendimento e de eficácia social; caso contrário, a racionalidade se torna mais hierárquica e segue na direção do despotismo esclarecido, pois tal racionalidade não pode compreender a complexidade. A racionalização do que são as coisas acaba por fornecer explicações tão ingenuamente delirantes que elas se creem realistas; por exemplo, a existência dos campos de extermínio hitleristas foi explicada pela preocupação das grandes corporações industriais alemãs em produzir sabão barato com a gordura dos deportados. Tudo o que na história humana é ruído, furor, horror, tudo o que resiste à explicação passa pelo triturador da racionalização, que se serve do princípio fundamental *economia/eficácia*. Daí decorre a tendência de reduzir tudo aos interesses econômicos. Tudo parece claro e evidente, desde que se fale de manipulação, eficácia e rendimento. Daí decorre ainda uma visão de mundo tão empobrecida, uma visão do real tão mutilada, que pode ser considerada racional. A razão não é apenas cega ao que ela não pode racionalizar, ela é incapaz de enxergar sua própria irracionalidade.

A ideologia racionalista

O racionalismo é de fato um sincretismo no qual estão interligados a tradição do racionalismo crítico (empenhado em "desmistificar"), o huma-

---

[13] Friedrich Nietzsche, "Livro Primeiro, 1", *Aurore*, Paris: Gallimard, 1983. [Ed. bras.: *Aurora: reflexões sobre os preconceitos morais*, trad. Paulo César de Souza, São Paulo: Companhia das Letras, 2016.]

nismo (portador da ideia de homem como indivíduo racional) e as estruturas mentais propriamente racionais (ordem, universalidade etc.).

Esse racionalismo humanista também se apresentou como ideologia de emancipação e de progresso. Em sua luta permanente contra o mito e contra a religião, ele promoveu de maneira efetiva o saber empiricamente fundado e verificável. Associado à ideia de homem, o princípio de universalidade do racionalismo foi um fermento na luta pela emancipação dos escravos e dos oprimidos, pela igualdade dos direitos, pelo homem cidadão, pelo direito dos povos de decidirem por si próprios. A confiança no *Homo sapiens*, no homem razoável (esvaziado de qualquer afetividade e de "irracionalidade"), permitiu universalizar o princípio da liberdade.

Esses princípios universais eram certamente "abstratos", pois se baseavam na ignorância e na ocultação das diferenças culturais e individuais. Inconscientemente, eles poderiam conduzir a um processo de homogeneização esmagadora das diferenças, ou de desprezo da diferença, considerada um sinal de inferioridade (as populações primitivas, atrasadas, subdesenvolvidas, ainda não suficientemente "adultas", ainda não dignas do *status* de *Homo sapiens*, portanto merecedoras de liberdade, de direitos civis decorrentes do *habeas corpus*). Enquanto esse humanismo continuar atrelado ao racionalismo, enquanto conservar o aspecto místico, o amor pela humanidade, a paixão pela justiça e pela igualdade, enquanto atuar fortemente como fermento crítico, o humanismo racionalista será uma ideologia totalmente positiva.

É claro que um sincretismo ideológico como esse só poderá perdurar se não houver conflito ou contradição entre seus termos; por isso não é necessário que a liberdade entre em conflito com a ordem (já que, do ponto de vista racionalista, "mais vale uma injustiça do que uma desordem") e com a universalidade.

Quando, porém, se elimina do racionalismo o que ele possui de não racional (ou seja, o humanismo), quando se remove o que ele contém de verdadeiramente racional (o fermento crítico), nada mais resta senão a ideia da ordem pura e de tudo o que ela implica de rigidez, de intolerância, de incompreensão (da necessidade da desordem, da riqueza da anarquia), de dogmatismo e também de simplicidade, de mecanismo, de brutalidade.

Permanece a ideia de universalidade, mas que, se não for bem equacionada, conduz facilmente à homogeneização do pensamento e da ação, o que leva a razão a conquistar de maneira legítima o mundo e a submetê-lo a seu domínio.

Como veremos a seguir, a ligação entre essa rígida ideologia racionalista (ordem e eficácia) e o princípio de captura (manipulação, violência) e de racionalização (economia, rendimento, eficácia) faz com que se considere a racionalização uma força de opressão.

A prática racionalizadora

Heidegger já havia desmascarado a ideia de captura que, como mencionamos antes, aparece dissimulada sob o humanismo benevolente da razão. Nesse caso, é a própria natureza da violência, implícita no conceito de razão, que é denunciada e questionada perante o tribunal da mente humana (experimentação). A ciência fratura as articulações da natureza (em vez de ter com ela uma relação amorosa). Tudo o que existe nela de irracionalizável é eliminado. O mundo deve obedecer ao cálculo. O cálculo permite manipular. Em seu princípio manipulador, a ciência impõe um caráter predatório a toda civilização tecnicista.

Embora Max Horkheimer e Theodor Adorno mantenham posições contrárias a Martin Heidegger, os três convergem em sua crítica da razão: "A razão se comporta diante das coisas como um ditador diante dos homens: ele sabe muito bem como pode manipulá-los"[14].

Basta que os homens sejam considerados objetos para se tornarem manipuláveis em qualquer situação, submetidos à ditadura racionalizada moderna, que viveu seu apogeu nos campos de concentração.

Nesse caso, se identifica também uma tomada simbiótica entre a ideia de ordem e a ideia de universalidade implícitas no totalitarismo. Horkheimer e Adorno confirmaram isso: "A razão é mais totalitária do que qualquer outro sistema"[15]. Para corrigir o aspecto simplificador dessa frase, eu acrescentaria: o totalitarismo só pode se efetivar quando une

---

[14] Max Horkheimer, Theodor Adorno, *La Dialectique de la raison*, Paris: Gallimard, 1974, p. 27. [Ed. bras.: *Dialética do esclarecimento*, trad. Guido Antônio de Almeida, Rio de Janeiro: Zahar, 1985.]
[15] *Ibidem*, p. 41.

estreitamente um componente mitológico ou ideológico a um componente racionalista/racionalizador.

Antes de retomar esse argumento, porém, é preciso reconsiderar a ideia de racionalização tal como ela foi progressivamente imposta pela técnica e pela burocracia em todos os domínios da organização e da vida social. O princípio de racionalização, sob essa perspectiva, liga ordem/universalidade/regularidade à ideia de economia, de rendimento, de eficácia.

A racionalização burocrática implica a ideia de universalidade: as mesmas regras, as mesmas leis para todos os cidadãos, a supressão do caráter arbitrário das relações clientelistas ou mafiosas. Mesmo que essas relações se recriem clandestinamente e que, sob a ordem impessoal, se constitua o mercado ilícito das relações pessoais e até mesmo da corrupção, a contrapartida dessa impessoalização é a despersonalização, o anonimato; além disso, a burocracia tende a se autodesenvolver, a se hipertrofiar e, por toda parte, a substituição da regra programada pela estratégia autônoma e a perda da responsabilidade conduzem a uma racionalização opressiva.

No que concerne à industrialização, estabelece-se agora um panorama histórico da racionalização: a princípio, a industrialização considerava a figura do trabalhador uma coisa unicamente físico-econômica, força de trabalho. Posteriormente, dentro das empresas, as primeiras racionalizações do trabalho foram decomposições puramente físicas e mecânicas de gestos eficazes que, voluntária e sistematicamente, ainda ignoravam o trabalhador.

Constatou-se mais tarde que a decomposição cada vez mais intensa das tarefas e o parcelamento do trabalho, coisas aparentemente racionais no plano físico-mecânico, conduziam a uma baixa de rendimento que ultrapassava certos limites; ao mesmo tempo, as experiências demonstravam que, ao se levar em conta um resíduo irracional denominado "fator humano" (o prazer ou o desprazer do trabalhador) e ao se favorecerem certas satisfações desse fator humano, era possível aumentar o rendimento. A partir de então, o trabalho começou a se humanizar, pois o princípio de economia e de rendimento se desloca e se corrige quando existem provas de que a racionalização deve levar em conta a pessoa do trabalhador. Em consequência, a racionalização conseguiu fazer novos avanços: após o *job-enlargement*, a participação do trabalhador nos lucros e a cogestão, a autogestão aparece como uma ideia racional, isso se ela fizer a economia crescer, aumentar os lucros e manter a ordem.

Efetivamente, a autogestão é a ideia mais importante da racionalidade econômica, pois ela rompe a racionalização ao introduzir nela plenamente o sujeito humano.

Cada progresso da racionalidade se realiza introduzindo um pouco de subjetividade (a afetividade com o fator humano, depois a responsabilidade com a autogestão). Cada projeto de racionalidade impacta o paradigma racionalizador e já propõe o paradigma da racionalidade aberta, que inclui o sujeito, o irracionalizado.

Pode-se dizer que a industrialização, a urbanização, a burocratização e a tecnologização se estabeleceram segundo as regras e os princípios da *racionalização*, ou seja, da manipulação social dos indivíduos tratados como coisas em prol dos princípios de ordem, economia e eficácia. Algumas vezes essa racionalização foi bem equacionada pelo humanismo, pelo jogo pluralista das forças sociais e políticas (a ação sindical e, depois, a ação política da classe operária, explorada pela hiper-racionalização da empresa industrial, pela técnica, pela economia, pela perícia, pela burocracia). Em outras palavras, por vezes a brutalidade desenfreada da racionalização conseguiu ser controlada no Ocidente, depois foi contida e parcialmente reprimida. Originária do Ocidente, essa racionalização se disseminou de maneira desenfreada pelo planeta e foi considerada um atributo de seres de nível subsapiental, indignos do humanismo: primitivos, atrasados.

No Ocidente, a racionalização retornou fortemente na era neoliberal com os imperativos de rentabilidade e de competitividade impostos pela lógica da máquina artificial, que trata os indivíduos humanos como "máquinas triviais", embora o ser humano seja uma máquina não trivial, dotada de resistência, de iniciativa e de inventividade.

É possível compreender agora o percurso prático da racionalização:

- um percurso no qual ela se apodera e modela tudo o que integra a organização da sociedade e que, sob os efeitos ideológico do humanismo e prático da resistência dos racionalizados, pode se considerar diferentemente "humanizada";

- um percurso "imperialista", cuja extensão da racionalização, num primeiro estágio, se efetiva de modo incontrolado e desenfreado, em que, mesmo quando existe resistência dos descolonizados, eles adotam os modelos racionalizadores do poder dominante (a industrialização, a burocratização etc.) para se libertarem;
- um percurso totalitário no qual, ao se desprender do humanismo, a razão entra em simbiose com um mito virulento.

Percebe-se, então, que a racionalidade é extremamente ambivalente, pois apresenta uma face progressiva e outra regressiva. A face progressiva está ligada à conjunção entre racionalidade/espírito, crítica/humanismo. No momento em que há disjunção, a racionalização aparece nua e crua e pode se combinar com as potências obscuras para estabelecer um totalitarismo. Trata-se, como afirmava Husserl, da "racionalidade das pirâmides do Egito".

No século XIX, identificaram-se dois aspectos da razão. Um de cunho humanista, voltado para a humanização das sociedades ocidentais, outro de cunho racionalizador, que tendia para a desumanização do mundo colonizado e explorado. De fato, esses dois aspectos correspondiam *ao verso e reverso de um mesmo fenômeno.*

A razão louca

A razão sempre contém um lado irracionalizado, oculto. Quando esse irracionalizado oculto se manifesta e se torna senhor e guia da razão, a razão torna-se louca, então a expressão da Razão se transmuta em comportamento irracional: segundo as palavras de Horkheimer e de Adorno, no decorrer dessa transmutação, o que se produz é uma *autodestruição da razão.*

Quando o humanismo e a virtude crítica perdem força, a violência latente implicada na razão efetivamente se desencadeia sob a forma de uma força de ordem e de homogeneização. Essa violência, porém, está a serviço de um poder, de uma húbris totalmente *obscura*, dos quais nenhuma teoria racionalista, *nenhum conceito puramente racional podem dar conta*. Em alguns anos, passamos da razão iluminista, da tolerância, da liberdade concedida à deusa Razão, para a guilhotina e o Terror. "A filosofia que, no século XVIII, a despeito dos autos de fé e das fogueiras, inspirou um terror mortal pela infâmia escolheu servir a essa mesma infâmia desde o reinado de Napoleão."[16]

A razão torna-se louca quando se converte em instrumento do poder, das potências, dos processos, da húbris, ao mesmo tempo que é sua finalidade; ou seja, isso ocorre quando a razão não apenas se torna instrumento das potências e dos processos bárbaros da dominação mas quando ela mesma é bárbara, voltada à instauração de uma ordem mecânica, universal, na qual tudo o que perturba essa ordem é considerado demente ou criminoso.

Dentro dessa lógica, produzimos uma burocratização para a sociedade, e produzimos uma sociedade para essa burocracia; produzimos uma tecnocracia para o homem e construímos um homem para essa tecnocracia; produzimos um objeto para o sujeito, mas, segundo a frase que Karl Marx aplicava para o processo industrial capitalista e que hoje pode ser ampliada para novas e diversas situações, *produzimos também um sujeito para o objeto*[17].

A loucura irrompe quando todos esses processos de racionalização irracional se transformam, mediata ou imediatamente, em processos que conduzem à morte de maneira implacável. Atualmente, podemos constatar que a racionalização econômica é uma ameaça mortal para a biosfera, que a própria racionalidade científica ameaça a humanidade com a morte nuclear.

O que nos conduz finalmente ao problema, em aberto desde o fim do século XVIII, sempre fragmentado dogmaticamente em termos de alternativa simplista, mas hoje incontornável e que deve ser considerado em termos complexos: o problema da crise da razão.

---

[16] *Ibidem*, p. 14.
[17] "A produção não cria apenas um objeto para o sujeito, mas também um sujeito para o objeto". Karl Marx, *Introduction à la critique de l'économie politique*, Paris: Éditions Sociales, 1957, p. 157. [Ed. bras.: "Introdução à crítica da economia política", em: *Contribuição à crítica da economia política*, trad. Maria Helena Barreiro Alves, São Paulo: WMF Martins Fontes, 2011.]

A crise da razão

A crise da razão se expressa em vários planos. No plano da razão-método de conhecimento, no plano da racionalidade do real, no plano do etos racional, isto é, da razão prática.

A trilogia racionalista está fragmentada:

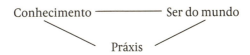

A ciência não é mais o reino em que triunfam as ideias claras e distintas, a ordem determinista universal, a lógica absoluta.

Já sabíamos de antemão que a ciência era viva, pois era dialeticamente arracional (empirista, pragmática) e racional.

Além disso, acreditamos atualmente que a ciência deve se tornar complexa, incluir tudo o que a razão clássica excluiu: a desordem, a incerteza, a ambiguidade, a contradição. Isso não significa que a ciência precisa se tornar irracional, mas sim que ela deve avançar, concebendo e compreendendo o irracionalizado em uma racionalidade aberta.

O real é incompletamente racional. É da *physis* que provém a grande fissura, o desmoronamento do edifício perfeito da razão. Como afirmou Michel Serres, tudo decorre da termodinâmica: "O calor não é cartesiano"[18]. Hoje em dia, o cosmo é "neblina": "O real-neblina não contém mais esse resíduo de idealismo que no passado denominávamos razão"[19]. Isso é totalmente verdade no caso da microfísica. Além do mais, toda ordem se constitui a partir de uma organização que não poderia se constituir sem desordem e que, quando é complexa, mantém e contém a desordem.

A nova relação paradigmática ordem/desordem/organização tem como consequência uma implicação natural indissolúvel racional/irracional.

---

[18] Michel Serres, "Les Sciences", em: Jacques Le Goff, Pierre Nora (orgs.), *Faire de l'Histoire*, v. 2, *Nouvelles Approches*, Paris: Gallimard, 1974, p. 217.
[19] *Ibidem*, p. 228.

A nova razão: uma racionalidade aberta

A nova racionalidade só pode ser complexa, pois se baseia na relação indissolúvel e permanente, ao mesmo tempo complementar, concorrente e antagônica, entre racionalidade e irracionalidade, com, além disso, um espaço de incerteza e de indeterminação, que é o campo da arracionalidade.

1. Não existe uma "deusa Razão", isto é, uma razão transcendente, absoluta, fechada, autossuficiente. A razão pura é um mito, repleto de irracionalidade e totalmente irracionalizado. Devemos hoje nos empenhar em "começar a explorar o caráter ampla e profundamente mítico da racionalidade"[20]. Atualmente, sabemos que é preciso abandonar qualquer tipo de "desmistificação" e até mesmo de "desmitificação" aparentemente racional, porque "o desejo de desmitificar a consciência nos parece uma tentativa suprema de mistificação"[21]. Ao se deificar, a razão se tornou mito. A racionalidade desfaz as ilusões, mas, ao considerar o mito uma ilusão, ignora que suas lendas e símbolos engendram um conhecimento secreto. A racionalidade fechada é ilusória quando *destrói o componente subjetivo de todas as coisas ao ocultar seu próprio componente subjetivo.*

2. O encontro entre razão e sujeito é uma colisão na qual um anula o outro. A razão clássica é incapaz de conceber a realidade subjetiva, exceto como perturbação, ameaça e estupidez. Sem sombra de dúvida, ela não pode conceber a subjetividade oculta na razão.

3. Existe uma "autodestruição incessante da razão"[22]. Ao recalcar continuamente o irracionalizado, ou irracionalizável, como se fosse um rolo compressor (já que o irracionalizado é o complexo, a existência, o que é vivo), ao ocultar sempre sua própria irracionalidade, ao desenvolver de modo constante o caráter manipulador, brutal e opressivo da racionalização; a razão fomenta, aumenta e desenvolve incessantemente a própria irracionalidade, que se transforma em húbris, loucura!

---

[20] Kostas Axelos, *Horizons du monde*, Paris: Les Éditions de Minuit, 1974. [Ed. bras.: *Horizontes do mundo*, trad. Lígia Vassaló, Rio de Janeiro: Tempo Brasileiro; Fortaleza: Edições EFC, 1983.]
[21] Gilbert Durand, *Les Structures anthropologiques de l'imaginaire*, Paris: Bordas, 1969, p. 464. [Ed. bras.: *As estruturas antropológicas do imaginário*, trad. Hélder Godinho, São Paulo: WMF Martins Fontes, 2012.]
[22] Max Horkheimer, Theodor Adorno, *La dialectique de la raison*, Paris: Gallimard, 1974, p. 14.

4. Daí se origina uma importante ideia: existem mutações de racionalidade, o irracional se torna razoável quando certo limite é ultrapassado.

A consciência ecológica corresponde a uma mutação de racionalidade: o que era algo regressivo, conservador, tradicionalista, "o retorno à Natureza", a crítica da industrialização, de repente aparece como uma exigência de sobrevivência e de racionalidade. Assistimos hoje e assistiremos amanhã a extraordinárias mudanças no sentido da racionalidade.

5. Não se trata apenas de descobrir a loucura da razão. É preciso enxergar também a racionalidade da loucura. A ambiguidade, a ambivalência e a inversão sabedoria/loucura sempre foram temas caros ao pensamento ocidental, desde os gregos até Erasmo de Roterdã. Foi preciso que acontecesse a disjunção da racionalidade moderna para que esses termos passassem a ser considerados opostos. Lembremos que, em seu domínio, a desrazão deve desempenhar o mesmo papel que a desordem na *Scienza nuova*, um papel essencial na inovação e na criação, *logo* no devir e na evolução. Nietzsche afirmava que *a desrazão está na origem de tudo*: "Quase sempre é a demência que abre o caminho para o pensamento novo, que suprime o interdito de um costume, de uma superstição venerada"[23]. Platão já havia afirmado que "foi por meio da demência que os maiores bens surgiram na Grécia"[24].

6. Finalmente, do mesmo modo que no domínio das partículas microfísicas não existem apenas o positivo e o negativo, mas também o neutro, e assim como aparentemente existem genes neutros, podemos pensar, como sugeriu Pierre Auger (em um de nossos encontros sobre a pesquisa acerca da "complementaridade da razão e da desrazão"), que também existe o arracional; desse modo, poderíamos nos perguntar se a noção de ser, que sem dúvida não é racionalizável, tampouco absurda, não seria simplesmente neutra (o que para a razão seria o cúmulo do absurdo, já que o irracional é compensado ou equilibrado pelo racional e o neutro não o é). Existem também realidades que são irracionais sob certos ângulos, que são racionais sob outros e que, sob outros ainda, são "neutras": figuram nessa situação não somente o ser mas também a existência, o viver, o amor, noções que é preciso levar em conta na relação racionalidade/irracionalidade, embora talvez estejam além dela.

---

[23] Friedrich Nietzsche, "Livro Primeiro, 1", *Aurore*, Paris: Gallimard, 1983, p. 33.
[24] Platão, *Fedro*, 244a, *apud ibidem*, p. 14.

A reorganização da racionalidade

Por tudo isso, acredito que é preciso rejeitar a racionalidade fechada. A busca de um princípio de racionalidade complexa significa que é necessário rejeitar alguma coisa da razão e conservar alguma coisa da razão.

É preciso conservar:

- a aspiração organizacional inserida no conceito, mas degradada como afirmação de ordem;
- a virtude crítica que foi atrelada ao desenvolvimento da razão;
- a aspiração universalista;
- a aspiração lógica.

É preciso rejeitar:

- a racionalização;
- o racionalismo fechado;
- o absolutismo lógico.

Trata-se, então, de partir à procura de uma razão relativizada (em relação ao irracional e ao arracional) e aberta (sobre o irracional e o arracional): *uma razão desracionalizada*; o que implica uma *reorganização da razão*. Isso nos leva a conceber a razão como *fenômeno evolutivo*, que avança não de modo contínuo e linear, como o antigo racionalismo acreditava, mas sim da maneira indicada por Thomas Kuhn, por uma mutação/reorganização profunda[25]. Piaget percebeu muito bem esse caráter "genético" da razão:

> A ideia que terminou se impondo a uma pequena minoria de pesquisadores [...] foi a de que a própria razão não constitui um invariante absoluto, mas é elaborada por uma sequência de construções operatórias criadoras de novidades e precedidas por uma série ininterrupta de construções pré-operatórias que coordenam as ações, remontando eventualmente até a organização morfogenética e biológica em geral[26].

---

[25] Thomas Kuhn, *La Structure des révolutions scientifiques*, Paris: Flammarion, 1972. [Ed. bras.: *A estrutura das revoluções científicas*, 5. ed., trad. Beatriz Vianna Boeira, Nelson Boeira, São Paulo: Perspectiva, 1998.]

[26] Jean Piaget, *Biologie et connaissance*, Paris: Gallimard, 1967, p. 118. [Ed. bras.: *Biologia e conhecimento*, trad. Francisco Guimarães, Petrópolis: Vozes, 1973.]

Há um triplo interesse nessa citação de Piaget: em primeiro lugar, ela despreza a reificação da razão, que se torna uma realidade evolutiva[27]; em segundo, ela estabelece o caráter dessa evolução do modo como Kuhn a concebeu: as "construções operatórias criadoras de novidades" correspondem a mudanças de paradigma; por fim, em terceiro lugar, a evolução liga a razão à organização biológica.

Nesse caso, é possível conectar a teoria da razão à teoria do conhecimento e da noo-organização: a ideia de razão certamente se origina dos processos reguladores e corretores que participam da organização do conhecimento. Em sua primeira concepção, a razão se manifestou exatamente dessa forma, como corretora do conhecimento religioso ou mágico e como reguladora das relações entre o dado empírico e a construção teórica; o fato é que ela se constituiu a partir do modelo *da ordem* – excluindo a desordem – do paradigma de simplicidade. A razão, no entanto, só pode avançar de modo decisivo se abandonar esse modelo de ordem em prol de um modelo organizacional (ordem e desordem interligadas) a fim de se conceber na relação noo-autoecorreorganizadora. Isso significa que a razão deve deixar de ser mecanicista *para se tornar viva*, pensamento que inspirou a visão hegeliana de uma Razão dialética viva, que sempre ultrapassa suas próprias contradições, que, por sua vez, sempre renascem e se opõem ao entendimento petrificado ou, no entendimento de Hegel, à razão clássica do Iluminismo.

Assim, não mais nos termos filosóficos-românticos de Hegel, se trata realmente de reorganizar a razão fazendo-a evoluir, de fazer a razão evoluir reorganizando-a na mesma operação paradigmática. É claro que a reorganização diz respeito aos três elementos do tríptico da racionalidade: o método de conhecimento, o ser da realidade e a conduta humana. Provém daí a crítica da razão pura e a crítica da razão prática que fazemos aqui. A crítica da "razão pura" introduz na razão mais purificada (que, no limite da formalização, se confunde com a lógica clássica) a incerteza profunda sobre si mesma: a princípio, a incerteza sobre a sua pertinência universal, depois a incerteza sobre a própria lógica, que, na perspectiva da epistemologia complexa pós-gödeliana, jamais poderia ser autossuficiente e, por isso, deixa uma brecha, que é *ipso facto* uma brecha da e na racionalidade. Isso porque é a lógica clássica, característica da racionalidade fechada, que é afetada para sempre. *Karl Popper* mostrou os limites da indução; Kurt Gödel, os limites da dedu-

---

[27] Sobre esse tema, cf. *ibidem*, pp. 115 ss.

ção; Niels Bohr e Alain Aspect demonstraram que não se podia escapar da contradição microfísica. De modo mais amplo, o que não se pode mesmo é escapar desta contradição universal: tudo o que está separado é inseparável.

A incerteza nasce igualmente da consciência de que o que existe de profundamente inovador, inventor e criador no conhecimento não pode ser racionalizado *a priori* nem totalmente racionalizado *a posteriori*; de que não existem apenas erros e superstições no mito, na paixão e na loucura mas também fermentos e enzimas da verdade; de que "a razão só é fecundada em seus instantes de loucura"[28]: existe razão na loucura, assim como, de modo inverso, existe loucura na razão, já que, como vimos anteriormente, todo fechamento da razão nela mesma, toda ideia racional levada às consequências lógicas extremas se transforma em demência. *A racionalidade deve ser concebida, portanto, como um componente indispensável do pensamento, mas não como a totalidade do pensamento.* No pensamento existe um além e um aquém da razão. A razão deve enfrentar o estado aporético, uma vez que vivia na ilusão orgulhosa de que ela, e unicamente ela, iria escapar da contradição. Em sua época, Kant já havia percebido que no horizonte da razão havia contradição. A ciência contemporânea descobriu que existia contradição em qualquer análise do real.

O que corresponde ao segundo elemento do tríptico: o real também não é mais totalmente racionalizável. É imprescindível abandonar a ideia insensata de identificar o real no racional, a ideia etílica de racionalizar a totalidade do real. *O real excede o racional.* Na verdade, existe no real algo de excessivo, de excedente, de inútil, de gratuito, de fabuloso. O real também se situa além e aquém do racional, apenas uma pequena faixa intermediária, a faixa entre os dois infinitos onde ocorrem as percepções humanas, pode ser racionalmente controlada, mas apenas de modo parcial. Evidentemente, o erro consiste em identificar essa faixa intermediária à totalidade do real.

É claro que tudo que vale para a *physis* vale igualmente para a vida, que só existe como organização pela união indissolúvel entre ordem e desordem, pela contradição e pela absurdidade de uma busca de fins sem finalidade entre dispêndio e necessidade... E, certamente, em nossa abordagem em espiral, precisamos retornar ao homem a fim de reconhecê-lo não mais apenas como *Homo sapiens* mas como *sapiens demens*, e asso-

---

[28] Claire Lejeune, "Pour un Dialogue de l'aigle et du serpent", *Degrés*, n. 2, 1973, p. 9.

ciar à ideia de animal racional a ideia de Heráclito de que "O homem é naturalmente privado de razão".

O que nos introduz ao terceiro elemento do tríptico, o elemento da razão prática. O paradigma antropológico do *sapiens* legitimou todo tipo de dominação, de manipulação, de extermínio da Natureza, toda repressão interna do que no homem era reconhecido como racional... O abandono do paradigma de *sapiens* e sua substituição pelo paradigma *sapiens demens* retiram o fundamento terrorista e absolutista da razão, suprimem o direito antropológico de usar e abusar de todas as coisas. Sobretudo a razão prática deve mudar de caráter: não pode ser predadora nem manipuladora, mas deve conceber uma nova relação ecológica e uma nova relação etológica, um novo etos quando se trata da organização do trabalho, da vida, da sociedade... Surgem, então, os grandes problemas da ação, que não quero discutir aqui porque seria necessário escrever um novo livro para isso.

Temos agora uma visão geral dos princípios de reorganização da razão. Eles exigem a desreificação do racionalismo, o reconhecimento da riqueza do irracionalizado (e do irracionalizável), a abertura da racionalidade a esses limiares além e aquém e a necessidade de articular a ela esses limiares, em uma nova relação complexa, incerta, complementar, concorrente e antagônica.

A racionalidade complexa

A incerteza que existe na razão é absolutamente necessária e deve reverter a antiga concepção na qual a razão era impiedosamente crítica de tudo, exceto dela mesma. A razão que se autoconsidera e se autocritica descobre ao mesmo tempo sua incerteza e sua aporética, transformando-se imediatamente em meta-razão.

Razão e desrazão, loucura e sabedoria, loucura e genialidade: a incerteza e a ambiguidade dessas noções, que tanto podem ser absolutamente opostas quanto complementares, exigem, a partir de certos limiares, reversões e inversões entre o racional e o irracional na modificação de certos contextos.

Essa relação de incerteza é indissociável da relação aporética entre razão e desrazão. Sem dúvida, essa relação aporética é, ao mesmo tempo, a mais incerta e a mais ambígua de todas, a mais próxima da demência e a mais próxima da verdade.

Nesse aspecto, o exemplo da Razão hegeliana é admirável, derrisório e grandioso. A teoria hegeliana da Razão dialética (*Vernunft*) pode ser considerada uma racionalização absoluta. Isso porque a Razão dialética recobre a totalidade do real e faz o real e o racional coincidirem. A interpretação anti-hegeliana pode, porém, avançar e adquirir mais força quando se constata que a racionalidade hegeliana é uma racionalização no sentido delirante do termo; é claro que ela não é a racionalização do racionalismo mórbido (característico da pequena razão, que espacializa e reifica tudo o que toca), mas uma racionalização inversa e simétrica que, na verdade, desracionaliza totalmente a razão, no mesmo processo em que a razão tenta racionalizar o irracionalizável (a contradição lógica, o tempo, o devir). Podemos fazer também uma terceira leitura, que não legitima nem condena a Razão hegeliana, mas compreende o sentido profundo, admirável e sempre atual de seu empenho. Em minha opinião, a verdade da proposição hegeliana está no fato de que a própria razão é impensável sem esse outro lado, que é seu negativo.

O que se pode fazer, igualmente, é desvelar a verdade profunda oculta no delírio racionalizador hegeliano. É preciso estabelecer uma relação indissociável entre o que é considerado racional e o que é considerado irracional; se essa relação é suficientemente complexa e refletida, a razão adquire sua própria racionalidade. É importante que sempre exista abertura, conflito e cooperação entre os dois termos. Precisamos entender que a razão está sempre em perigo, correndo sempre o risco de se fechar ou de se abrir demais, e que, como acontece com tudo o que é vivo, ela precisa *sempre ser recomeçada, precisa ser autorreorganizadora. Ela requer permanentemente a complexidade.*

A partir desse pressuposto, podemos conceber o caráter enriquecedor e construtor da relação aporética racionalidade/irracionalidade. De um lado, ela introduz "ruído", em *um princípio pós-foersteriano de desenvolvimento da razão a partir do ruído.* De outro, permite reintegrar na razão pura e na razão prática o que havia sido expulso delas, tornando-as mutiladas e mutilantes. Tal relação permite, acima de tudo, a reintegração da desordem em seu princípio de ordem.

- A introdução do princípio de singularidade e de individualidade em uma relação indissolúvel e complexa com o princípio da universalidade.
- A introdução de um princípio de concretude em uma relação complexa com o princípio da abstração.
- A introdução de um princípio de dispêndio, de gratuidade, de luxo em uma relação indissolúvel e complexa com o princípio de economia.
- A introdução de um princípio lúdico no princípio de seriedade.
- A introdução da existência sem princípios em todos os princípios.
- Finalmente, a introdução permanente do sujeito, que permite que a razão se inscreva em um metassistema no qual ela reflita sobre si mesma e se autocritique.

Sobre o autor

O filósofo, antropólogo e sociólogo Edgar Morin nasceu em Paris em 8 de julho de 1921. Intelectual de renome, é pesquisador emérito do Centre National de la Recherche Scientifique (CNRS) e considerado um dos mais importantes pensadores dos séculos XX e XXI. É autor de mais de trinta livros, entre eles *Introdução ao pensamento complexo*, *Ciência com consciência*, *Os sete saberes necessários à educação do futuro* e sua obra mais importante, *O Método*, publicada em seis volumes.

Fontes	Pona e TT Commons
Papel	Supremo Duo Design 350 g/m² (capa),
	Pólen Bold 90 g/m² (miolo)
Impressão	Colorsystem
Data	julho de 2020